物部氏の伝承と史実

前田晴人

同成社

はじめに

六世紀も終わりに近い五八七（用明二）年七月、物部大連守屋が河内国渋川郡で壮烈な戦死を遂げる。蘇我大臣馬子が領導する朝廷の大軍に本居地を攻撃され、最初は守屋らの奮戦によって物部軍が優勢であったらしいが、やがて守屋は衣摺（東大阪市衣摺）に聳え立っていた朴の大樹の枝の間で射殺されたと伝えられ、『日本書紀』は「大連の児息と眷属と、或いは葦原に逃げ匿れて、姓を改め名を換ふる者有り。或いは逃げ亡せて向にけむ所を知らざる者有り」と記す。この戦いは蘇我・物部戦争とか干支によって丁未戦争とも呼ばれているが、この戦いにおける大連守屋の滅亡により天皇を支える最高執政官は大臣蘇我馬子一人に絞られ、蘇我大臣家の朝廷における覇権が確立し、飛鳥を舞台とした新しい政治の時代が始まるのである。

本書は、六世紀の前半頃から蘇我氏と政界の覇権を競った物部氏に焦点をあて、これまで古代史学界で形成されてきた物部氏に関する常識的・通説的な見方をできるだけ改め、新たな物部氏像を描いてみようとする試みである。従来から物部氏の実像・実体については数多くの研究が積み重ねられてきており、筆者としても賛同しさらに深めていく必要のある優れた重要な学説・見解も多いが、それでもなお十分に究明されていない課題や、諸先学が気づいてこなかった未知の問題がなお幾つか残されているようであり、さらには何よりも歴史学にとって基礎的な作業である文献史料に対する致命的な誤読があって、そのことが原因で物部氏の実像がきわめて不鮮明なままになっているということを指摘することにしよう。

物部大連の一族は河内国渋川郡を発祥地・本居とした豪族とみられるが、彼らが活躍した時期の宮都は奈良盆地南東部の磯城・磐余・初瀬の地域にあった。そのため王権に直属し朝廷の要務に仕奉した物部大連家の中核的な居館・拠点もこの地域に設定されていたことが推察されるが、従来の研究ではこの問題が等閑視されてきたように考えられる。さらに大連家の一族は畿内の各要地に広く分家や同族を配置して活発な職務活動を展開していた模様である。そこで大和と河内および外港の所在地である難波を結ぶ幹線交通路の結節点である衢・市や、とりわけ大和川水系の舟運と港津の所在にも留意しつつ、幅広い議論を試みてみたい。

目次

物部氏の伝承と史実

序章　物部氏の本貫・本拠

古代氏族の居住地を表す本貫・本居・本拠・拠点などの語句について、最初に簡単な説明をしておきたい。なぜなら、本書で扱う物部氏はその関係氏族の数がきわめて多いだけではなく、一つの氏集団の居住地も場合によっては一カ所に限られてはいなかったからである。本書でこれから明らかにするように、物部氏はかなり特色のある固有の職掌をもって王権に直属奉仕した集団であったので、職務活動の必要性に応じてさまざまな場所・地域に拠点を構えていたと想定されるのである。物部氏の組織全体を統制し支配下に置いていた物部大連家でさえ、畿内の各地に居所・拠点を配置していたからである。

まず「本貫」という語は「本籍」「本属」などと同義語で、一般に先祖以来の居住地で戸籍に氏姓を登録された土地を意味し、いわばその氏族の発祥地・原住地のことである。この語は庚午年籍から始まる戸籍制度の施行とともに律令法に規定されており、六世紀には整備された戸籍の制度も律令法も存在しないので、厳密には使用がはばかられるが、ここではいま述べたような意味で便宜的に使用したい。古代の氏族ももとはと言えばいずれかの土地に発生し集居していたのであるから、そのような土地を本書では「本貫」と記すことにする。もう一つの「本居」という語は律令制の用語ではないが、研究上これまでよく使われてきた語なので本書では同様の意味で用いることとする。

一方、「本拠」「拠点」などの語については、氏族が王権に奉仕する職務の関係で、「本貫」以外のさまざまな土地に何らかの施設を設置し、そこに族人を配置した場合の土地を意味する。物部大連は宮都の所在地であった大和ではなく河内国に本貫があったので、職務の遂行上大和国内のいずれかの場所に活動のための拠点を幾つも配置していたはずで、それらの「本拠」「拠点」は王権の承諾をえて計画的に設置され「本貫」とは異なる政治的性格を帯びた土地と考えられる。

以上のような区別を明確にした上で、物部氏の本貫・本拠を明らかにしていくことにするが、その前に学界の定説について触れておきたい。

さて、左に掲載した地図（第1図）は岸俊男の手によって作成されたものである。著名な論文「ワニ氏に関する基礎的考察」のなかで岸は、奈良盆地の東北部地域と西南部地域に蟠踞したワニ氏と葛城氏の勢力関係を軸に、大王家（天皇家）や蘇我氏、平群氏、巨勢氏などの在地豪族の勢力圏の分布を明らかにし、さらには天皇に直属する伴造氏族の雄たる大伴氏と物部氏の居地・拠点をも併記して具体的に諸豪族の分布の全体像を明示しようとした。示された地図は印象的で説得力に富む内容になっているので見る者に強烈なインパクトを与えた。そのためそれが一定の動かぬ定説となって学生や研究者の歴史像形成に多大の影響を及ぼすことになったと考えられる。

だが、筆者はこの地図には一つの大きな問題があるということに早くから気づいていた。それは何かと

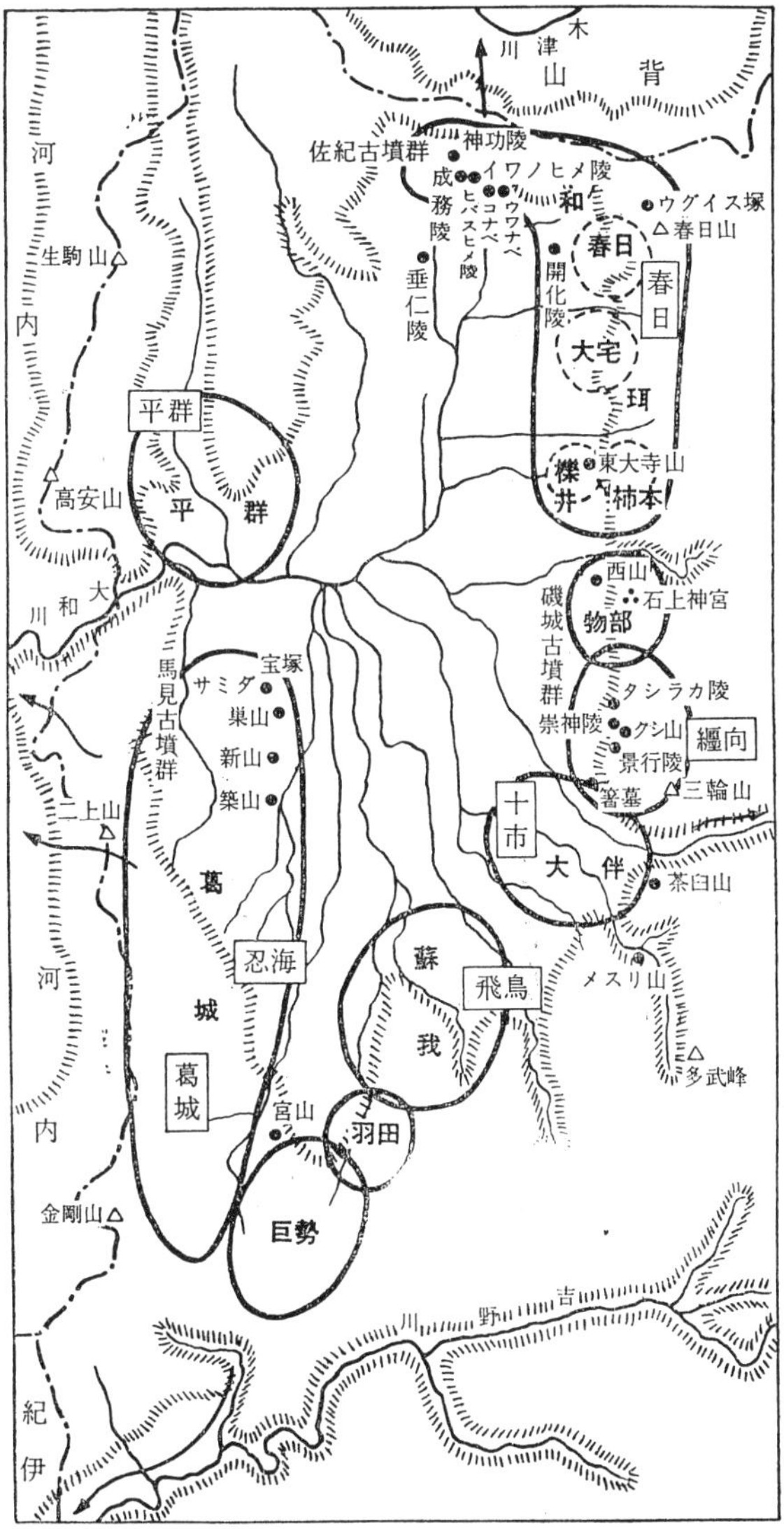

第１図　大和における豪族分布図（岸 1966：78 頁より転載）

いうと、ワニ・葛城・蘇我氏などの在地豪族の本居や勢力範囲については一定の正しい理解が得られるとしても、大伴・物部氏のような伴造氏族の本拠・拠点の表し方に関しては、地図の中に一定の範囲の円を描いて居地や支配領域を表現しようとするのが方法として妥当なやり方なのかどうか、また大伴・物部両氏の本拠・拠点はこの地図の範囲内においてそれぞれ大きく一カ所としてあるが、それは正確な表し方なのかという点であった。例えば文献史料の語るところによれば、大伴氏は左に示したように大和国内に少なくとも数カ所の本拠・拠点や庄田を保持していたことがわかり、岸はそれらをひっくるめた形で大王家の政治を支える大伴氏の姿を明示しようとしたものと推察されるのである。

築坂邑――高市郡久米郷（『日本書紀』神武紀）
百済家――十市郡池上郷（『日本書紀』壬申紀）
跡見庄――城上郡上市郷（『万葉集』巻四・巻八）
竹田庄――十市郡川辺郷（『万葉集』巻四・巻八）

大伴氏はおそらく大阪湾岸南部地域に出自をもつ豪族で、河内・摂津・和泉・紀伊などの国々にも各地に幾つかの本拠・拠点を配置しており、在地豪族とはかなり異なる性格と様相を帯びた氏族集団と解さなければならず、物部氏も本質的には同様の氏族と考えるべきなのである。物部氏とりわけ大連家の本貫・本居は河内国渋川郡にあった模様で、大和国内には王権に奉仕するための拠点を置いていたらしいが、地図には山辺郡の石上・布留地域（天理市）に拠点があったように描かれているのである。その理由は物部氏が石上神宮と深い関係があったとする所伝による。ところが、本書でも述べるように物部氏と石上神宮との関係が成立するのは丁未戦争以降の推古朝からとみられるので、大和国内における物部氏の古い拠点は地図に想定されている地域ではなく、別の場所にあったと考えなければならないのであり、しかもそれは一カ所とは限らないのではないかとも予測されるのである。

　ではそのような問題を批判・検討していく上で必要な素材は何であるかということになるが、ここでは大和国内における物部氏の同族氏族・同系氏族の本拠・居住地を調べてみることにする。なお、本書では「同族氏族」とは物部大連家またはその分家の氏族と血縁・姻戚関係にあると想定される氏族群を指し、血縁関係にはなく政治的な臣従関係や官司内の統属関係によって同族であることを擬制している氏族を「同系氏族」と称することにする。ただし、血縁・姻戚関係を具体的に明証できる素材はほとんど見当たらず、また物部大連家は五世紀末から六世紀末までのきわめて短い期間に急激な興亡を経過したという事情があるため、同族関係を形成した氏族の数はそれほど多いとは思われず、後者の同系氏族が大半を占めるとみなしたほうがよいと思われる。

　第1表は、平安時代初期に編纂された『新撰姓氏録』の大和国神別の項に掲載されている物部の同系氏族七氏である。帯びる姓はいずれも連・造・首・直・部などで、そのほとんどは地方に根付く下級ないし弱小の氏族であるとみなしてよい。同様の地位にあるほとんどの同系氏族はすでに平安京や山城国に移貫しており、大和国内には少数の氏族だけが残っていたと推測されるのである。しかし、姓氏録に登載された氏族は畿内に居住している氏族のすべてを網羅しているわけではないので、姓氏録以外の史料によって大和国内に居住していた物部の同族・同系諸氏族を一覧表の形でまとめたものが第2表である。

第１表　『新撰姓氏録』大和国神別条所載の物部同系氏族

氏族名	記　載　事　項
佐為連	石上朝臣同祖。神饒速日命十七世孫伊己止足尼之後也。
志貴連	同神孫日子湯支命之後也。
真神田首	伊香我色乎命之後也。
長谷山直	石上朝臣同祖。神饒速日命六世孫伊香我色男命之後也。
矢田部	饒速日命七世孫大新河命之後也。
縣使首	宇麻志摩遅命之後也。
長谷部造	神饒速日命十二世孫千速見命之後也。

表１・２の各事項は『日本書紀』の記事を始めとしてさまざまな文献から引用したもので、丁未戦争以後に係る史料のほうが圧倒的に多いという厳しいハンディはあるが、それでもかなり顕著な特徴のあることが一目で諒解できるであろう。すなわち、大和国内に本居を置いた物部の同族や同系氏族らはその大多数が城上・十市・宇陀の三郡に集まり住んでいたことがうかがわれ、その他の郡に居所を構える氏族がほとんどみえないという事実である。先ほど指摘したように、従来の学説では石上神宮の所在地である山辺郡が大和における物部大連の本拠・拠点とみなされてきたが、石上・布留地域には物部大連の居住を証する確かな文献的根拠がほとんど見当たらないだけではなく、物部の同族・同系氏族の居住を示す史料も存在していないのであり、意外にも奈良盆地南東部の城上・十市両郡と宇陀郡が彼らの集住地となっていたのである。

こうした現象が生じた理由としては、何よりもまず丁未戦争以前の時期に物部大連家の最も重要な本拠・拠点が盆地南東部にあり、その政治的影響力が周辺地域に波及していたことの反映であ

第２表　大和国内居住の物部同系氏族

氏名・人名	居　地	出　典	備　考
佐為連	城上郡狭井	姓氏録大和国神別	氏祖物部石持連公
志貴連	城上郡磯城	姓氏録大和国神別	旧氏姓磯城縣主
阿刀連	城上郡椿市村	姓氏録逸文	磯城嶋村の迹連（霊異記）
長谷置始連	城上郡長谷郷	姓氏録右京神別	
水取連	宇陀郡多気郷	姓氏録左・右京神別	菟田主水部(神武紀)・宇陀水取(神武記)、猛田縣主弟猾
宇陀笠間連	宇陀郡笠間郷	天孫本紀	
真神田曽禰連	宇陀郡真神田	姓氏録左京神別	宇陀郡曽爾村
登美連	城上郡上市郷	姓氏録左京神別	式内等弥神社
漆部連	宇陀郡漆部郷	天孫本紀	
漆部造兄	宇陀郡漆部郷	用明紀二年四月条	漆部造麿（霊異記）、物部大連守屋の従者
大市造小坂	城上郡大市郷	用明紀二年四月条	大市首（左京諸蕃）、物部大連守屋の従者
長谷部造	城上郡長谷郷	姓氏録左京神別	雄略天皇の名代部
長田川合君	十市郡他田	天孫本紀	桜井市戒重・川合
長谷山直	城上郡長谷郷	姓氏録大和国神別	本姓長谷山部直
縣使首	宇陀郡檜牧荘	姓氏録大和国神別	猛田縣主
真神田首	宇陀郡真神田	姓氏録大和国神別	
十市首	十市郡十市	天神本紀	十市部首（天神本紀）
十市部	十市郡十市	安閑紀元年閏十二月条	物部大連尾輿の領民
物部八坂	居地不明	用明紀二年四月条	物部大連守屋の従者
押坂部史毛屎	城上郡忍坂郷	用明紀二年四月条	七姓漢人刑部史、刑部造の配下、物部大連守屋の従者
鳥見物部	城上郡上市郷	天神本紀	負名物部
笠縫・笠縫部	城上郡笠縫邑	天神本紀	天降五部人
矢田部造	添下郡矢田郷	崇神紀六十年七月条	遠祖武諸隅
矢田部	添下郡矢田郷	姓氏録大和国神別	矢田皇女の名代
高橋連	高橋邑	姓氏録右京神別	添上郡高橋神社

ると想定してよいであろう。大連家の諸活動を支える配下の諸氏族は、大連家の中枢居館の所在地やそれに近接した土地に居を構えるのが自然の成り行きだからである。そして、物部大連自体が当該地域に拠点・居館を設置したと推定できるとすれば、その理由は当該地域が王権の拠点たる宮都の所在地であり、権力を分掌する関係諸機関がこの地域に集在していたことを推定することができ、物部大連は時の最高執政官としてその本職・本務を遂行するのにふさわしい場所に拠点を構えたと想定されるのである。そこで、物部氏が歴史的に大きな足跡をのこした五世紀後半頃から六世紀末までの時期の宮都について簡単に述べておきたい。

ところで、物部氏の歴史への登場を促した最も大きい契機は、おそらく五世紀後半の雄略朝のこととみられる。雄略天皇は『古事記』『日本書紀』などの歴史書に大長谷天皇や大泊瀬稚武天皇などと呼ばれ、数多くの伝承に恵まれた王者で、中国の歴史書である『宋書』倭国伝には倭王武という名で登場する王である。順帝の昇明二（四七八）年に使者を南朝に派遣して有名な上表文を奉呈し、「東は毛人を征すること五十五国、西は衆夷を服すること六十六国、渡りて海北を平ぐること九十五国」と列島内外の政治的統合を誇示し、皇帝から「使持節都督倭新羅任那加羅秦韓慕韓六国諸軍事安東大将軍倭王」に叙爵されている。さらに天皇は埼玉県稲荷山古墳出土の鉄剣銘文や熊本県江田船山古墳出土大刀銘文などに、獲加多支鹵大王との名号が刻まれた王者であることが判明し、記・紀両書に記された皇統譜において実在性の確実な最古の大王であることがはっきりしてきた。そこで、雄略天皇の宮居について調べてみると、次のような諸宮の存在が知られる。

Ａ　泊瀬（長谷）朝倉宮　　『古事記』『日本書紀』『万葉集』等
Ｂ　斯鬼宮　　埼玉県稲荷山古墳鉄剣銘文
Ｃ　磐余宮　　『日本霊異記』

雄略天皇の在位期間ははっきりしていない。兄の倭王興（安康天皇）が宋に遣使したのが大明六（四六二）年で、その後の数年間に安康の暗殺事件によって雄略が即位し、さらに稲荷山古墳鉄剣銘文によると辛亥年（四七一）に斯鬼宮という宮居が存在したことがわかり、右記したように四七八年には宋に上表文を奉呈しているので、五世紀の六十年代中葉から七十年代末ないしは八十年代初め頃が在位期間のうちに収まるとみてよいであろう。そしてその在位期間中に雄略は右に列挙した宮を相次いで造営したと考えてよいであろう。『古事記』・『日本書紀』は基本的に歴代天皇の宮居を一代一宮の原則で記載する方針を立てていたようであるから、それとは異なる様相を呈する雄略天皇の宮居伝承は新たな問題を提起していると受け止める必要がある。

このように雄略朝は古代宮都の歴史において一つの画期となっており、天皇の家政と国政に関わる諸宮を隣接する地域に集中させ、それぞれの宮に奉仕する各種の政治機関を周辺の地域に計画的に配置するという措置をとっている。いま試みに地図上（第2図）にこれらの宮の推定所在地をおとしてみると、いずれも長谷渓谷の出入り口付近に包摂される地点であることがわかり、初瀬川の流域で横大路・上ツ道の路線に近接する地帯に位置することが判明し、雄略天皇は相互に隣接する磯城・磐余・初瀬の地域一帯を宮都域とし、統治機関を当地域に集中的に創出しようとする計画を打ち出し、それが機縁となって六世紀代

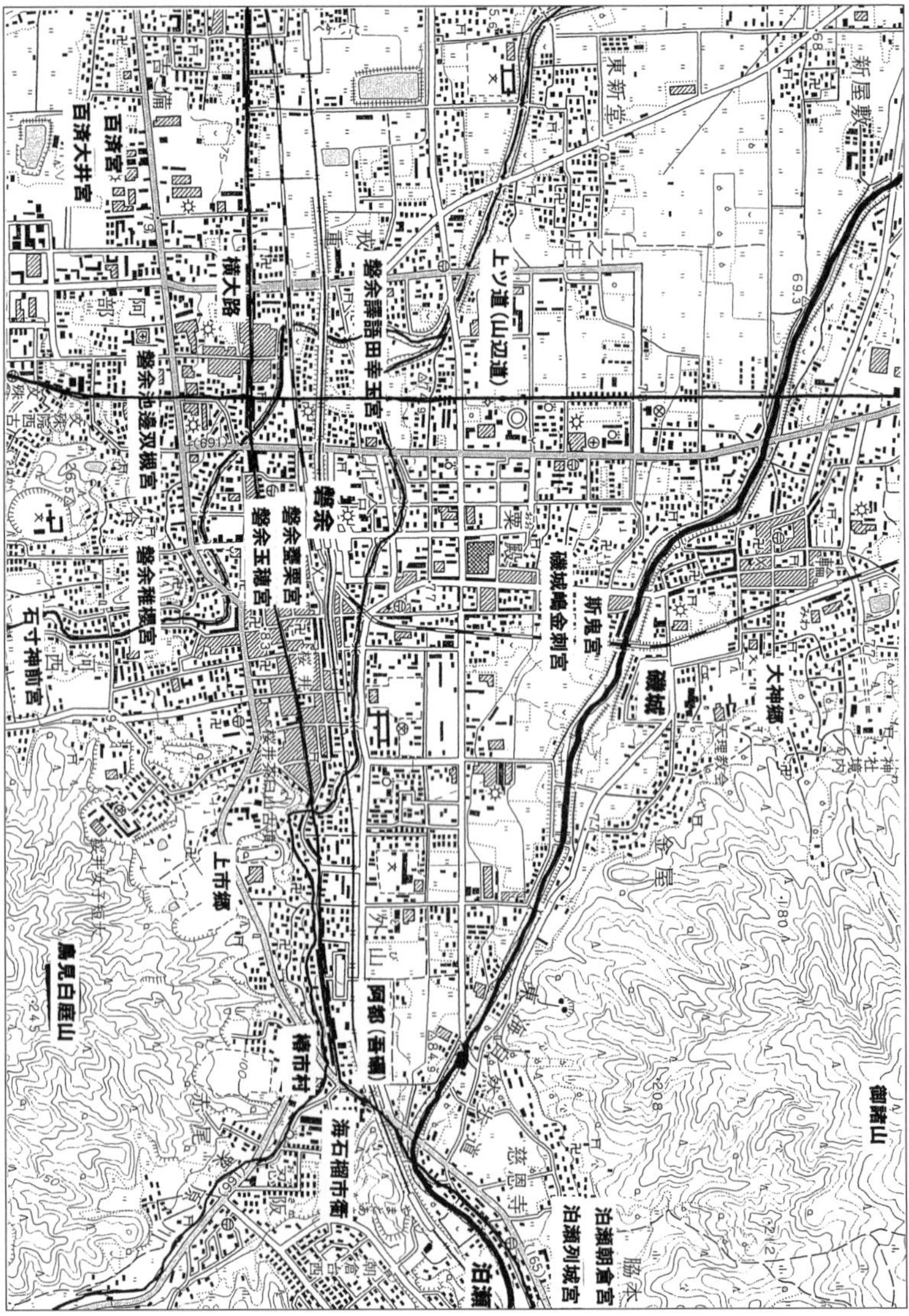

第2図
磯城・磐余・初瀬
（いずれも皇宮の確実な所在地は不明）

には交通上の要衝である磐余に宮都が固定される傾向が強まったのではないかと推測されるのである。先ほど触れておいた天皇親衛軍の大伴氏も城上郡の跡見（登美）や十市郡の百済・竹田などに拠点を構えていた模様であり、物部氏も同様に宮都域のいずれかの要地に活動拠点を配置していた可能性が高い。本書ではこれまでほとんど注目されてこなかった磯城・磐余・初瀬地域に関わる伝承に留意しつつ物部氏の歴史を根底から見つめ直してみたい。

第一章　物部とは何か

一　「物部」の読み

「物部」という語をどう読めばよいのか、あるいは本来の読み方はどうだったのかという問題については、これまでは学問的にもほとんど関心が払われなかったようである。なぜなら、中学や高校の日本史を勉強した人なら誰でもそれは「モノノベ」と読むように教えられてきたし、「物部」の字画を見るとそれ以外の読みがあるようには思えないからでもある。周知のように「物部」というのは古代の氏族名であり、「物部氏」は「モノノベノウジ」あるいは「モノノベシ」と読むのが普通であり、それはそれで十分に事足りていると言える。古代史の研究者の間でも「モノノベ」と読むことが慣例化しているし、研究者は「物部」に「モノノベ」以外の別の読み方があるということを知っていながらも、なぜそういう読みが存在するのかということについてあまり深く考えることをしないできた。そのために「物部」を「モノノベ」と読む慣例が定着してしまったのである。しかし、これで満足しないのが研究者の業というものであり、「物部氏」の実体もこの問題を放置しておいては明らかにできないだろう。なぜなら、氏の組織主体は氏の側にはなく王権なのであり、その呼び名は当該氏族の性格と本質を体現する標識だと考えてよいからである。このように氏・氏族は王権が作りだした政治組織であるということをきちんと認識しておく必要がある。

そこで、「物部」の読みを再考するための手がかりとして『万葉集』巻一―七六・七七の歌をここで引用してみることにする。

和銅元年戊申

天皇の御製

ますらをの　鞆の音すなり　物部の　大臣　楯立つらしも

御名部皇女の和へ奉る御歌

わご大君　物な思ほし　皇神の　つぎて賜へる　われ無けなくに

和銅元（七〇八）年というと元明天皇の時代、この年の正月には東国の武蔵国から初めて銅鉱が献上され有名な和同開珎が発行された。天皇は前年慶雲四（七〇七）年七月に即位したばかりで、前途多難な船出が予想された。なぜなら元明天皇は女帝で、幼少の首皇子（後の聖武天皇）の成長を期し、中継ぎの帝王として即位した人だからである。右の御製歌はおそらく和銅元年正月朔日の元旦朝賀の儀式か、あるいはその年十一月に挙行された大嘗祭に関係する歌とみることができるが、どちらの儀式とすべきなのかは明確ではない。女帝のどこか穏やかでない心情を慰め励まそうとしたのが御名部皇女の歌である。御名部は元明天皇の同母姉に当る皇族で、天下統治と皇統の継承という重圧が女帝にのしかかっているのをよく理解していたからである。朝儀の成立過程についての詳細な論議については後章で改めて述べることにして、いまは「物部」の読みを問うことにしよう。そこで、右に引用した御製歌を原文の形で引用すると次のようになる。

大夫之　鞆乃音為奈利　物部乃　大臣　楯立良思母

歌のなかで「物部乃　大臣」とある部分はどの注釈書もみな「モノノフノ　オホマヘツキミ」と読み下している。だが、先ほど指摘したように「物部」は現在では「モノノベ」と読むのが慣例になっているので、「モノノベノ　オホマヘツキミ」が正しい訓読であると思いがちなのであるが、万葉歌の「物部」は「モノノフ」と読むのが正解である。御製歌と同じく「物部」を詠み込んだ歌を左に幾つか列挙してみよう。

・［巻三—二六四］物乃部能　八十氏河乃　阿白木尓　不知代経浪乃　去辺白不母

・［巻三—三六九］物部乃　臣之壮士者　大王之　任乃随意　聞跡云物曽

・［巻四―五四三］天皇之　行幸乃随意　物部乃　八十伴雄与　出去之　愛夫者

これらの用例では「物乃部」・「物部」の正しい訓読はまだわからないままである。ただし、万葉歌では「物部」がそれぞれ「大臣」・「八十氏」・「臣之壮士」・「八十伴雄」などの語句の枕詞の働きをしていることが理解できるであろう。これらの語句はすべて天皇・朝廷に仕える官人を意味しており、とりわけ「八十氏」・「八十伴雄」は氏姓を異にする雑多な官人群を一律に象徴する語句である。『日本書紀』推古二十八年十二月条には、「是歳、皇太子・嶋大臣、共に議りて、天皇記及び国記、臣連伴造国造百八十部并て公民等の本記を録す」とあるが、モノノフの「八十氏」とか「八十伴雄」と呼ばれたのは臣連以下百八十部までの地位・身分に属する人々、すなわち宮都に上番し関係の官司に仕える伴（トモ）と考えればよく、公民すなわち地方に集団居住し貢税を義務付けられていた一般農民の物部は氏の範疇・仲間には入らないのである。だが、「物部」が共通してそのような定型的語句の枕詞となっているのは、物部の氏が多種多様な氏族から成る集合体だったという事実に基づいており、次に引用する文章が物部の氏の実体をうまく捉え説明しているということができる。

夫れ物部連らは、各居地と行事とに因り、別れて百八十氏と為る。

（『続日本紀』延暦九年十月十日条）

現代語訳：物部連をはじめとする同族・同系の諸氏族は、それぞれの居所と職務に応ずる形で数多くの氏に分かれている。

これで「物部」の氏のあり方の一端が明確になったので、そのことを念頭に置いた上で次には左の万葉歌を一瞥していただくことにしよう。これらの歌は「物部」の「部」の語をどのように読んだのかを知ることのできる事例である。

・［巻一―五十］……衣手能　田上山之　真木佐苦　檜乃嬬手乎　物乃布能　八十氏河尒　玉藻成……

・［巻三―四七八］挂巻毛　文尒恐之　吾王　皇子之命　物乃負能　八十伴男乎　召集聚　率比賜比
朝猟尒……

・［巻六―一〇四七］……里見者　里裳住吉　物負之　八十伴緒乃　打経而　思煎敷者……

・［巻一七―三九九一］物能乃敷能　夜蘇等母乃乎能　於毛布度知　許己呂也良武等　宇麻奈米弖……

・［巻十八―四〇九四］……御食国波　左可延牟物能等　可牟奈我良　於毛保之売之弖　毛能乃布能
八十伴雄乎　麻都呂倍乃　牟気乃麻尒、、……

・［巻十八―四〇九八］……美与之努能　許乃於保美夜尒　安里我欲比　売之多麻布良之　毛能乃敷能
夜蘇等母能乎毛　於能我於弊流　於能我名負弖……

・［巻十八―四一〇〇］物能乃布能　夜蘇氏人毛　与之努河波　多由流許等奈久……

・［巻十九―四二六六］……豊宴　見為今日者　毛能乃布能　八十伴雄能　嶋山尒　安可流橘……

・〔巻十九―四二五四〕……神奈我良　吾皇乃　天下　治賜者　物乃布能　八十友之雄乎　撫賜　等登能倍賜……

・〔巻二十―四三一七〕秋野尒波　伊麻己曽由可米　母能乃布能　乎等古乎美奈能　波奈尒保比見尒

「物乃負」・「物負」などの用例では「物」を「負（オフ）」という関係性が強く意識されているようであり、「物能乃敷」・「毛能乃布」・「母能乃布」の用例の場合には一字を一音に宛てているに過ぎないが、いずれにせよ「物部」は「モノノベ」ではなく「モノノフ」と読まれていたことが明らかである。また、「モノノフ」を枕詞として「八十氏」・「八十伴男」・「八十伴雄」などの定型的な語句が詠み込まれていることも、先に指摘した「物部」という氏の特質の一端を示すものであることが理解できるであろう。

以上により、「物部」は『万葉集』では「モノノフ」と読まれていたことがわかったが、歌の世界すなわち晴れの儀式の場では「モノノフ」と読まれていたとしても、日常の生活のなかでは「モノノベ」が普通だったのではないかという疑念も生じるであろう。しかし、むしろ祭儀や儀礼と密接なつながりのある歌謡の世界により古い言葉や用語が慣習として定着していたとするならば、「モノノフ」は「物部」の本来の読み方を保持していると言えるのではなかろうか。「モノノフ」とは「物（モノ）ノ負（フ）」のことで、「物の取り扱いに任ずる」、あるいは「物を職掌として司る」というような意味に解釈することができるであろう。

津田左右吉が早くに論じているように、「部（ブ・ベ）」の字は百済の政治組織である「部司制」や百済王畿の行政区画である「五方五部制」など古代朝鮮の政治制度に由来している。渡来系氏族から始まって王権に各種の職掌をもって奉仕する諸氏族の氏や姓の一部に適用されたもので、現在のところ出雲国意宇郡（島根県松江市大庭）所在の岡田山一号墳から出土した鉄刀の銘文に「額田部臣」とあるのが史料上最古の事例で、六世紀後半には「部」が制度として施行されていたことが判明している。「物部」もその意味では部制の産物と考えられるのであるが、「部」字は戸籍の制度や木簡のように書かれる文字が社会一般に定着するようになってから使用されたものであり、「物部」の「部」は貢税集団を表記するための宛て字として用いられたもので、膳部を「カシハデ」、馬飼部を「ウマカイ」、鞍作部を「クラツクリ」などと唱えたように、氏姓の末尾に「部」字が付されている氏族であっても口唱ではそれを読むことはなく、口語の分野では「物部」は一様に「モノノフ」と読まれたとみなしてよい。すなわち「物部」の氏は「モノノフ」の氏であったとみなすべきである。

平安時代になって新たに武士が登場するようになると、「モノノフ」とか「ツハモノ」「サムライ」などと呼ばれたことは周知のところである。武士の出現は地方における治安情勢の悪化に即応して国衙に設置された検非違使・押領使・追捕使などの内乱鎮定・盗賊追捕に当る令外官の設置が指標になり、なかでも「モノノフ」の語源が「物部」にあるらしいことはこれまでの論議で明瞭と思われるが、「モノノフ」と武士のどこに両者の承継関係や共通する特質があるのかがまだ明確にはわからない。それはつまり両者に関わる「物（モノ）」が何であるのかが把握されていないからである。そこで、次節では「物（モノ）」の実体・本質をつきとめることにしよう。

二 「物（モノ）」の意味

「物部」は「物（モノ）ノ負（フ）」と読むべき氏集団であること、その意味はかなり抽象的な表現で「物の取り扱いに任ずる」、あるいは「物を職掌として司る」と前述したが、次の課題は「物」そのものが何であるのかを明らかにすることであろう。「物」は「物部」という氏集団の本質を端的に表す語と考えられることから、まずその意味と実体を究明する必要があるのである。「物」という語は一般に人間が有為と認めるさまざまな物質を意味するが、それらすべてが「物部」の扱う「物」であったわけではない。「物部」はあくまで王権に奉仕する氏集団なのであるから、彼らが扱う「物」はごく限定された物質・物体であったとみなしてよく、それが何であるのかを明らかにすることが必要なのである。

しかし、古代社会の「物」は物質だけで成り立っていたのではなく、「物」が具体的な実体のあるものではない宗教的・神霊的な存在を表す場合がある。例えば大和国城上郡に鎮座する大神神社の祭神は「大物主神」であるが、神名の根幹を表す「物」は目に見えない超能力を発揮する神霊の働きや作用を意味し、神霊そのものを普遍的に総称しており、「大物主」とはまさにその典型的な事例と言うべきである。大物主神は「物」の発動によって疫病を蔓延させる有数の祟り神とされ、律令制の国家祭祀の一つ鎮花祭（季春）は、「春の花飛散の時に在りて、疫神分散し癘を行う。其れを鎮め遏ぐ為に、此の祭有り（春になり花が飛び散る時期には疫神が病気を蔓延させる。疫病の流行を防ぐためにこの祭りを行うのである）」

（神祇令義解・季春条）と説き、大神（和御魂）・狭井（荒御魂）両社の神官である三輪君が祭儀を担当した。この場合の疫神こそは「物」を意味するであろう。

ところで、『日本書紀』にはしばしば鬼という語が出てくるが、鬼は冥界をさまよう死んだ人の霊魂を意味し、現世にさまざまな不幸や災禍をもたらす根源と信じられ、倭語では「モノ」と呼ばれた。人が原因不明の病気に罹った場合には、「物（モノ）」または「物（モノ）ノ気（ケ）」が取り憑いたとみなし、「物」を調伏するか体外に追却する必要があると考えられていた。とりわけ流行病や疫病の猖獗は社会に甚大な影響を及ぼす凶害であったため、祭儀によって「物」の社会への侵犯をあらかじめ防遏し、取り憑かれた時には祓却する必要があった。律令制祭祀の一つである道饗祭（季夏・季冬）の祝詞には、「根の国・底の国より麁び疎び来む物」を衢の神が追却すると書いているが、神祇令義解には京城四隅から都への侵入を図るのは「鬼魅」とあり、「物」はすなわち「鬼魅」と観念されたことを示していて、それらの溜まり場が地上世界の果てにあると観想された「根の国・底の国」という異界であった。

さらに、人間の常軌を逸する行為つまり犯罪は国家体制や社会秩序の破壊につながる行為であり、これも「モノ」の仕業と考えられていたので、犯罪者に課せられる刑罰は罪人からの「モノ」の祓却という性格を帯びる措置であった。スサノヲが神聖な高天原の世界で数々の乱暴を働き地上に追放されたことを神話で「神夜良比（カムヤラヒ）」と表現しているのは、「モノ」の権化と化したスサノヲを流罪により「モノ」のあるべき場所に追放したことを意味するもので、スサノヲが追放された出雲国は穢れの充満する「根の国・底の国」という性格を持つ世界で、いわば荒ぶる国つ神の流刑地であったと言えるであろう。

このように、「物部」の「物」とは物質性と宗教性の双方の特質を兼ね備えた「物」であり、また王権や社会を安定させ護持する機能を発揮するだけでなく、時にはそれらを破壊し混乱を引き起こす霊力を持つ両義的な存在で、人間社会は負の作用と働きを引き起こす「物」に対し、祭儀と刑罰という二つの手段をもって社会秩序を回復させ安定化させようとしたのである。よりわかりやすい言い方をするならば、体制の護持に資する「物」をもって体制を破壊しようとする「物」を制するということであり、その「物」が何であるかがわかれば「物部」の本質・本源が把握できるのではなかろうか。そこで、次の史料をご覧いただくことにしよう。

物部の、我が夫子の、取り佩ける、大刀の手上に、丹畫き著け、其の緒は、赤幡を載り、立てし赤幡、見れば五十隠る、山の三尾の、竹を訶岐苅り、末押し靡かす魚簀、八絃の琴を調ふる如、天の下治め賜ひし、伊邪本和気の、天皇の御子、市辺の、押歯王の、奴末。

（『古事記』顕宗段）

解釈の難しい長歌であるが、前段は「見れば五十隠る」までの序であり、試みに現代語訳してみると、「物部を務める私の夫は、いつも腰に佩いている大刀の柄には丹を塗りつけ、その下げ緒には赤色の布きれを飾りつけ、赤幡を立てていますので、それらを見る人は皆恐れをなして姿を隠そうとするのです」となるだろう。物部は常に大刀を佩き、その大刀には赤色ずくめの飾りが施され、また物部はいつも赤幡を携行していたらしいことがわかる。神社の鳥居や柱が丹色であるのは、赤色が悪鬼や邪霊を祓除する霊能と聖域を浄化する働きがあるのと同じく、物部の佩刀や赤幡がそれを見た人間に心理的な威圧・脅威を与える機能を発揮する「物」であったことを物語っており、赤色ずくめの大刀と赤幡は物部が常時その地位身分と職権の象徴として身に帯びていたもので、これこそが物部の氏に特有の「物（モノ）」だったと考えられるのではなかろうか。

ところで、物部が佩持する刀について特殊な伝承があることは周知のところである。『延喜式』神名帳をひもとくと全国的に物部神社が広く分布していることがわかるが、物部神社の鎮座由来を記す伝承を次に紹介してみよう。

> 物部郷。郡の南にあり。此の郷の中に神の社あり。名を物部の経津主の神といふ。曩者、小墾田の宮に御宇しめしし豊御食炊屋姫の天皇、来目の皇子を将軍と為して、新羅を征伐たしめたまひき。時に、皇子、勅を奉りて、筑紫に到り、乃ち、物部の若宮部をして、社を此の村に立てて、其の神を鎮ひ祭らしめたまひき。因りて物部の郷といふ。
>
> （『肥前国風土記』三根郡物部郷条）

現代語訳：物部郷は三根郡の南域にある。郷中に神社があるが、物部の経津主の神と呼ばれる。昔、小墾田宮に天下を治めた推古天皇が、来目皇子を将軍に任命して新羅を征伐しようとした時、皇子は勅命により筑紫にやって来て、物部の若宮部に社を当地に建てさせて神を鎮祭させたので、物部郷という名になった。

推古天皇の時代に来目皇子を征新羅将軍として筑紫に派遣したことは『日本書紀』推古十年二月条にみえており、二万五千人の軍衆が北部九州に駐屯し、渡海を前にして兵糧・兵器の調達が行われた。同じ三根郡漢部郷の地名起源伝承でも、「昔者、来目の皇子、新羅を征伐たむとして、忍海の漢人に勒せて、将て来て、此の村に居ゑて、兵器を造らしめたまひき（昔、来目皇子が新羅征伐を行うために、大和の忍海漢人を率いて来て当地に定着させ、兵器を製作させた）」とあり、九州の各地で征旅の準備が整えられたのである。征討計画は翌十一年二月に皇子が病没したために頓挫したが、肥前国三根郡では右の物部郷や漢部郷の伝承にもみえるように物部若宮部・忍海漢人の集団が畿内から当地に派遣され、前者は経津主神を祀る社を建てたとする。物部若宮部はおそらく作刀に優れた技術者らで、経津主神は作製された刀に霊力を付与する目的で当地に勧請・鎮座させられた武神なのであろう。神名の「経津（フツ）」は刀剣で物を斬断した時の音に由来する神名のようで、物部が奉持する霊刀そのものを神として崇めたのが物部経津主神の実体であろう。

物部の佩刀に関しては、『古事記』『日本書紀』の神武東征の物語のなかで、その発現の由緒と霊能が記されている。まずは『古事記』の説明文を引用してみよう。

故、神倭伊波礼毘古命、其地より廻り幸でまして、熊野村に到りましし時、大熊髪かに出で入りて即ち失せき。爾に神倭伊波礼毘古命、倏忽かに遠延為し、及御軍も皆遠延て伏しき。此の時熊野の高倉下、一ふりの横刀を賷ちて、天つ神の御子の伏したまへる地に到りて献りし時、天つ神の御子、即ち寤め起きて、「長く寝つるかも」と詔りたまひき。故、其の横刀を受け取りたまひし時、其の熊野の山の荒ぶる神、自ら皆切り仆さえき。爾に其の惑え伏せる御軍、悉に寤め起きき。故、其の天つ神の御子、其の横刀を獲し所由を問ひたまへば、高倉下答へ曰ししく、「己が夢に、天照大神、高木神、二柱の神の命以ちて、建御雷神を召びて詔りたまひけらく、『葦原中国は伊多玖佐夜芸帝阿理那理。我が御子等不平み坐す良志。其の葦原中国は、専ら汝が言向けし国なり。故、汝建御雷神降るべし』とのりたまひき。爾に答へ曰ししく、『僕は降らずとも、専ら其の国を平けし横刀有れば、是の刀を降すべし。★　此の刀を降さむ状は、高倉下が倉の頂を穿ちて、其れより堕し入れむ。故、阿佐米余玖汝取り持ちて、天つ神の御子に献れ』とまをしたまひき。故、夢の教の如に、旦に己が倉を見れば、信に横刀有りき。故、是の横刀を以ちて献りしにこそ」とまをしき。

現代語訳：神倭伊波礼毘古命が和泉の男水門から迂回して熊野村に到ると、にわかに大熊が出現しすぐに姿をくらました。すると命は突然気力を喪失し、軍勢もまた全員が意気喪失の状態に陥った。その時熊野の高倉下という者が一振りの刀を携え天つ神の御子の臥せる場所にやって来て献上すると、御子は目を覚まし『よく寝たものだ』といい、その刀を受け取ると熊野の山の荒ぶる神は自然に切り倒され、失神していた軍勢もみな目が覚めた。御子がその刀を入手した事情を問うと、高倉下は「私の見た夢に、天照大神・高木神二柱が建御雷神を召してご命令になり、『葦原中国はたいそうな騒ぎになっており、我らの御子たちが困っている様子である。葦原中国はあなたが平定した由緒のある国だから、いま天降りして何とかできないものか』と言われた。それに対して建御雷神の返答は、『私みずからが降るよりも、国を平定した実績のある刀があるので、その刀を降してみよう。やり方としては高倉下が所有する倉の棟を破って落とし入れることにしたい。朝目が覚めて縁起のよいこの刀を御子に献上せよ』とおっしゃった。それで、夢に見たとおり朝になって倉をのぞいて見ると、刀がありましたので献上した次第です」と申し上げた。

高倉下から神倭伊波礼毘古命（神武天皇）に献上された霊刀は高天原に所属する建御雷神の所持刀であったことがわかり、それは「国を平けし横刀」と記すように、葦原中国を平定するのに功のあったとされる特別の威力を称揚された刀なのである。本文中の★マークの部分にはこの横刀に関する註記がある。

此の刀の名は、佐士布都神と云ひ、亦の名は甕布都神と云ひ、亦の名は布都御魂と云ふ。此の刀は石上神宮に坐す。

現代語訳：この刀の名はサジフツノ神とも、ミカフツノ神とも、フツノミタマとも呼ばれた。その刀はいま石上神宮に鎮座している。

刀名はバラエティに富むが、いずれも「布都（フツ）」という語が含まれていることがわかり、石上神宮に所蔵されているとする。石上神宮は『延喜式』神名帳・大和国山辺郡の項に「石上坐布都御魂神社」（奈良県天理市布留町）と記される神社のことで、神名の「布都御魂」は当社の神体である霊刀そのものの称である。石上神宮は奈良時代以後には社格が神宮から神社に格下げになるのであるが、神名の根幹を成す「布都御魂」はおそらく創祀以来の伝統を有するもので、これは物部が共通して佩持した刀の称号と解して誤りがない。

次いで書紀の説話を一瞥しておきたい。ただし筋書きは『古事記』と変わらないので、主に武甕雷神が登場する部分を引用することにしたい。

時に、彼處に人有り。号を熊野の高倉下と曰ふ。忽に夜夢みらく、天照大神、武甕雷神に謂りて曰はく、「夫れ葦原中国は猶聞喧擾之響焉。汝更往きて征て」とのたまふ。武甕雷神、対へて曰さく、「予行らずと雖も、予が国を平けし剣を下さば、国自づからに平けなむ」とまうす。天照大神の曰はく、「諾なり」とのたまふ。時に武甕雷神、登ち高倉に謂りて曰はく、「予が剣、号を韴霊と曰ふ。★今当に汝が庫の裏に置かむ。取りて天孫に献れ」とのたまふ。高倉、「唯唯」と曰すとみて寤めぬ。明旦に、夢の中の教に依りて、庫を開きて視るに、果して落ちたる剣有りて、倒に庫の底板に立てり。即ち取りて進る。

現代語訳：当時、彼の地には熊野の高倉下という者がいた。彼は夜の夢に天照大神が武甕雷神に語りかけて、「今、葦原中国は大騒動になっているので、お前さんが征討せよ」と言ったのに対し、武甕雷神は「私が自ら行く必要はなく、かつて私がその国を平定した時の剣を降せば済むことだ」と答えたので、天照大神は「そうだな」と承諾した。それで武甕雷神が高倉下に教えて、「私の剣をフツノミタマと名づけている。お前の倉庫に入れておくので、それを天孫である神武天皇に献上せよ」と言った。高倉下は「はい」と返答したところで夢から醒めた。翌朝倉庫の中に入って見ると天降りした剣が転倒した様子で立てられており、それを天孫に献上した。

『古事記』では「横刀」とあったところが書紀には「国を平けし剣」とあり、その名も「師霊」とする。★マークの部分には師霊の語訓を「此をば赴屠能瀰哆磨と云ふ」とあるので、「フツノミタマ」と呼ばれたことは『古事記』と同じとみてよい。刀と剣とでは形状・性能ともに異なるが、『古事記』神代巻にはスサノヲが出雲の八俣遠呂智を退治する時に、「其の御佩せる十拳剣を抜きて、其の蛇を切り散」ったところ「御刀の刃毀けき」とあり、蛇の尾から見つけ出したとされる霊剣「草薙剣」は、『古事記』には「草那芸之大刀」とも記しており、刀・剣の区別にはあまりこだわる必要がないだろう。

スサノヲが八岐大蛇を退治する際に使用した霊剣に関しては、『日本書紀』神代上・第八段一書第二には「其の蛇を断りし剣をば、号けて蛇の麁正と曰ふ。此は今石上に在す」と伝え、同第三には「其の素戔鳴尊の、蛇を断りたまへる剣は、今吉備の神部の許に在り」とあり、『延喜式』神名帳・備前国赤坂郡に鎮座する「石上布都之魂神社」の神体とする伝承があるように、「布都之魂（フツノミタマ・フツシタマ）」と呼ばれたらしく、物部の佩刀も「布都御魂」＝「師霊」であったと判断して誤りがないものと思う。すなわち、本章のテーマである「物部」すなわち「物（モノ）ノ負（フ）」とは何かという課題に対しては、物質と霊能の双方の概念を同時に満たす「物（モノ）」を身に帯びている者、それをもって国家と社会の秩序を護持する役割を果たす者のことであり、これを要約するなら「韴霊を佩持する者」という答えが得られるのである。

物部氏の家記と伝えられ平安時代初期頃に文書化された史料が『先代旧事本紀』という書物である。著者が誰なのかはわからないが、物部氏の子孫を自認する人物であることはまちがいない。この書には『日本書紀』を利用したとみられる文章が数多く認められるが、これからしばしば引用するように物部氏に独自の伝記や作文も散りばめられており、さらに巻末の国造本紀のように、何らかの官文書を手元に置いてまとめられた貴重な情報も含まれる。だから、本書を利用する場合にはその言説が何に由来するかを見極めてかかる必要があるのだが、物部に関する史料として軽視したり無視することは許されない。ここでは、霊刀「韴霊」がいつ物部氏の誰に授与されたのかを記した記述を引用しておきたい。

天孫、宇摩志麻治命に詔して曰はく、長髄彦は為性狂ほしく迷へり。兵の勢ひは猛く鋭し。敵の戦ふに至らば、誰か敢へて勝つに堪へむ。而して舅の計に據らず、軍を帥ゐて帰順ひ、遂に官軍に欵あり。朕其の忠節を嘉し、特に褒寵を加へ、授くるに神剣を以てし、其の大きなる勲に答へむ。凡そ厥の神剣は韴霊の剣刀なり。亦の名は布都主神の魂刀、亦は佐士布都と云ひ、亦は建布都と云ひ、亦は豊布都と云ふ神、是れそ。

（『先代旧事本紀』天孫本紀）

現代語訳：天孫が宇摩志麻治命にお言葉をかけられて、「長髄彦は性質のねじ曲がった悪いやつだが、兵力も強勢であり、敵対すればなかなか勝つのは困難である。だがそなたの計略により軍が帰順したので、そなたの忠節を褒めて神剣を授与し、大いなる勲功に報いることとする。神剣とはフツノミタマの剣刀で、別名をフツヌシノ神、またはサジフツ、タケフツ、トヨフツとも称する神である。

宇摩志麻治命（ウマシマヂ）とは物部大連家の二代目の祖先とされる神話上の人物である。始祖は言わずと知れた饒速日命（ニギハヤヒ）である。後で検討する長髄彦にまつわる説話に始祖と二代目が登場し、神武東征の説話では饒速日命が長髄彦を殺し天皇に帰順したとされているが、天孫本紀は宇摩志麻治命が天皇から大勲の褒賞として「韴霊」の剣刀を賜ったと書き、『古事記』の註記と同じく魂刀の別名を列挙している。潤色もはなはだしい賢しらな作文と判定してよいと思うが、「韴霊」は物部の氏人に授与され、彼らの職権を象徴する霊刀であったということは、これで確実になったと言えるであろう。

三　韴霊の分与

先ほど引用した『古事記』顕宗段の長歌には、物部が赤色ずくめの刀を帯びていることが描かれていた。筆者は物部が佩持した刀こそが韴霊なのであると考えている。この刀は王権から物部に授与された職権の象徴としての霊刀であり、布都御魂＝師霊を祀る物部神社が全国各地に分布しているのは、物部の職権が王権から委任された神聖な職務であることをそれぞれの地域に拡布し徹底させるための措置であるとみている。おそらく師霊は王権が物部として選定した各地域の首長に授与されたもので、そのためにある時期の王権は大量の刀剣を作製する必要に迫られたと考えられる。

『古事記』垂仁段には、天皇の御子印色入日子命が横刀一千口を作ったとする伝承を載せている。

次に印色入日子命は、血沼池を作り、また狭山池を作り、また日下の高津池を作りたまひき。また鳥取の河上宮に坐して、横刀一千口を作らしめ、これを石上神宮に納め奉り、すなはち其の宮に坐して、河上部を定めたまひき。

現代語訳：印色入日子命はチヌノ池、サヤマ池・クサカノタカツ池を造営した。また鳥取の河上宮では横刀一千口を製作させ、これらを石上神宮に納められ、河上部の集団も組織化した。

印色入日子命は南河内と和泉平野の各地に池を造営したとする所伝の持主である。池を造るためには土を掘り起こすための大量の鉏（鋤）が必要になる。言うまでもなく鉏（鋤）は鉄製の刃を装着したものであり、命はどこからか鉄を調達しそれを用いて横刀を作製する任務にも就いたらしい。ただし、池の造営伝承については狭山池（大阪狭山市）の初造が発掘調査の成果により推古朝頃であることから、にわかに信用することはできない。しかし、刀の作成については事実とみることができ、製作地に関しては鳥取の河上宮と記すので、鳥取は和泉国日根郡鳥取郷（大阪府阪南市鳥取・鳥取中・和泉鳥取）とみてよく、河上宮は男里川（菟砥川）上流の自然田付近であろう。また河上部は命の支配下に属する名代部とみる見解があるが、刀剣製作に携わった鍛冶集団の名と解することもできる。

一方、『日本書紀』は次のような伝承を引用している。

五十瓊敷命、茅渟の菟砥川上宮に居しまして、剣一千口を作る。因りて其の剣を名けて、川上部と謂ふ。亦の名は裸伴と曰ふ。石上神宮に蔵む。是の後に、五十瓊敷命に命せて、石上神宮の神宝を主らしむ。一に云はく、五十瓊敷皇子、茅渟の菟砥の河上に居します。鍛名は河上を喚して、大刀一千口を作らしむ。

（『日本書紀』垂仁三十九年十月条）

現代語訳：五十瓊敷命は茅渟の菟砥の川上宮に居を構え剣一千口を製作した。その由緒により剣は川上部と呼ばれ、別名を裸伴（アカハダガトモ）とも呼び、石上神宮に所蔵されている。その後五十瓊敷命に命令が下され、石上神宮の神宝を管理することになった。ある別の伝承では、五十瓊敷皇子が茅渟の河上宮に居住して、鍛冶の河上という者を召し、大刀一千口を製作させたとも伝えている。

右の伝承には一云と称する別伝があり、参考のためにその一部分のみを引用しておいた。別伝のほうは出典が布留氏の家記の可能性があり、詳しくは改めて後章で論じることにする。

五十瓊敷命が剣を製作したのは菟砥川上（河上）宮とする。本文は河上を剣名と解しているが、一云では鍛冶集団の名としており、一云の説が説得性に富むと思う。また大刀一千口を作ったという数字も同じである。菟砥という地名は鳥取郷付近を流れる川の名や和泉郡の延喜式内社・男乃宇刀神社という形で遺存しており、阪南市鳥取から五キロほど西の岬町淡輪に所在する古墳の名としても著名である。古くは淡輪辺りも鳥取郷域の一角であったとすると、鳥取之河上宮＝菟砥川上宮とみなすことができる。『延喜式』諸陵寮には五十瓊敷命の陵墓が次のように記載されている。

宇度墓　五十瓊敷入彦命。在和泉国日根郡。兆域東西三町、南北三町。守戸二烟。

宇度は菟砥とも読めるので、五十瓊敷命は泉南の地に居を構え川上宮において大量の刀剣を作製し、没後に当地の大型古墳に埋葬された王族だと伝承されていたことになる。

右に引用した記・紀・紀一云の三つの伝承に共通する重要な特徴をあげるとすれば、一つには、これらの伝承では大量の刀剣を作製したのが五十瓊敷命（イニシキノミコト）と名乗る王族であるということであり、説話は宮廷伝承や関係氏族の家伝として伝えられたものだと判断してよいであろう。もう一つの特徴は、作製された刀剣は石上神宮に納められたと伝えていること、さらに書紀は五十瓊敷命が神宮の神宝を管理したと記すことである。所伝の一千口というはなはだ印象的な数字については、単に五十瓊敷命の功業を誇張するために書いた数字であるとは考えがたく、これらの刀剣は全国の物部に配布・分与するためにに作製された霊刀＝韴霊そのものであって、石上神宮に納（蔵）めるという行為は、刀剣が韴霊としての霊威と性能とを得たものであることを理念的に保証しようとするための措置と考えられ、同時に石上神宮が韴霊＝布都御魂を祭祀する国家神であることを強調しようとしているのである。

しかし、五十瓊敷命という王族は実在の人物ではないであろう。命の陵墓であるとされる宇度墓はおそらく記・紀編纂時に強引に擬定されたもので、本当の被葬者は別人であった可能性が高い。当の古墳は淡輪ニサンザイ古墳と命名された全長一八〇メートルの大型前方後円墳であり、付近には西小山古墳（直径五十メートルの大型円墳）・西陵古墳（全長二一〇メートルの大型前方後円墳）など五世紀後半頃に築造された淡輪古墳群があり、五十瓊敷命の時代とは大きくかけ離れているからである。淡輪を奥津城とした氏族に関しては左に解説する伝記が参考になる。『日本書紀』雄略九年三月・五月両条から、適宜必要となる部分を解説したい。

さて、雄略天皇は新羅を征討すべく四人の将軍を任命し派遣することになった。紀小弓宿禰・蘇我韓子宿禰・大伴談連・小鹿火宿禰の四人である。蘇我韓子宿禰は実在性に疑問があり、この時の派遣軍は紀氏を主力とし大伴氏を副えるという構成であったらしい。紀小弓宿禰と小鹿火宿禰は同族で、小弓宿禰の本貫は紀伊国、小鹿火宿禰の本貫は角国すなわち周芳国都濃郡であったらしい。大将軍紀小弓宿禰は執政官大伴大連室屋に親しかったので、大連に相談をかけ現地での身辺の世話係として吉備上道采女大海なる女性を帯同することを天皇から許されたという。

渡海した征軍は韓国慶尚南道慶山付近にあった喙国で新羅軍と戦火を交えたが、大伴談連とその配下の紀岡前来目連・談連の従者大伴津麻呂らは戦死し、遺衆は退却せざるを得なくなったとする。さらに大将軍紀小弓宿禰もにわかに病に冒されて死没したので、采女大海は小弓の遺骸とともに帰国し、大伴大連室屋を通じて天皇に葬地を求めたところ、天皇は「汝大伴卿、紀卿等と、同じ国近き隣の人にして、由来ること尚し」との言葉を賜り、大連は「土師連小鳥をして、冢墓を田身輪邑に作りて葬さしむ」と記す。これらの記事によると、大伴氏と紀氏の勢力圏は紀伊・和泉両国の大阪湾岸南部地域で近隣関係にあり、小弓宿禰の墓を田身輪邑（淡輪）に造営したとすることから、淡輪古墳群は紀氏の墓域に指定されていた蓋然性が高く、先ほど指摘した大型古墳三基のうちのいずれかが小弓の墓と推測される。

書紀には明確に書かれていないが、新羅征討軍派遣の主たる目的は新羅と伽耶の接壌地のうち新羅領内のいずれかの地域を攻撃し、現地で技術者や鉄を確保することであったと考えられる。それは国内でそうした人・物に対する需要が高まっていたからであり、征軍は実際のところ半島から大量の鉄鋌・鍛冶集団を引率して帰国したのである。『新撰姓氏録』和泉国皇別の項には紀辛梶臣なる氏族の名がみえ、「建内宿禰男紀角宿禰之後也」とある。辛梶は韓鍛冶のことで、鉄の鍛造を行う渡来人技術者を意味し、紀を名乗り臣姓を有することから、韓鍛冶集団を支配下に置く首長とみなすことができる。先の伝承に出ている小鹿火宿禰はまさしく紀角宿禰の統括的族長であり、韓鍛冶臣はその分家と推定することができよう。『続日本紀』神護景雲二年二月二十八日条によると、「讃岐国寒川郡の人外正八位下韓鐵師毗登毛人、韓鐵師部牛養ら一百二十七人に、姓を坂本臣と賜ふ（讃岐国の寒川郡の住民で外正八位下のカラカヌチノフヒトエミシ・カラカヌチベノウシカヒら百二十七人に、坂本臣の姓を授与する）」とあり、奈良時代には讃岐に渡来系の韓鍛冶を職掌とする技術者集団が数多く居住していたことがわかり、彼らは根こそぎ坂本臣に改姓して倭系氏族の仲間入りを果たしている。

なぜ坂本臣なのかというと、『新撰姓氏録』によって左に列挙したように、坂本氏は紀氏本宗との血縁関係を主張する氏族で、紀角宿禰の子とされる白城宿禰の後裔だと言っているからである。名の白城は新羅と関係があるらしく、王権の対新羅政策に深く関わった氏族であることを示唆し、さらに想像をたくましくすると、彼らの出自は新羅または伽耶系の渡来人首長で、紀氏との早い時期における姻戚関係を通じて倭系の氏族に転換を図ったのではあるまいか。

・坂本朝臣（左京皇別）――紀朝臣同祖。紀角宿禰男白城宿禰之後也。
・坂本朝臣（和泉国皇別）――紀朝臣同祖。建内宿禰男紀角宿禰之後也。男白城宿禰三世孫建日臣、因居賜姓坂本臣。日本紀合。
・坂本臣（摂津国皇別）――紀朝臣同祖。彦太忍信命孫武内宿禰命之後也。

律令制時代の坂本朝臣・坂本臣の本貫は和泉国和泉郡坂本郷（和泉市阪本町）である。『続日本紀』天応元年六月朔条に「和泉国和泉郡の人坂本臣糸麻呂等六十四人に姓朝臣を賜ふ」とあり、『続日本後紀』

承和三年三月七日条には「讃岐国の人左大史正六位上坂本臣鷹野、讃岐の籍帳を除き、和泉の旧墟に復さむと請ふ。これを許す。其の去就の由は古記に具さなり（讃岐国の住民で左大史正六位上の坂本臣鷹野は、讃岐の戸籍を抜いた上で和泉国の本居に移転を願っているので、これを許可する。鷹野の進退に関しては古い伝記に詳しく書かれている）」とあって、先ほど指摘した讃岐の韓鐵師で坂本臣に改姓した集団の一部が和泉の旧墟に本貫を移したらしい。だが、坂本氏は次のような伝承を有しており、古くは泉南に蟠踞した集団であったと考えられる。

『日本書紀』安康元年二月条には「坂本臣の祖、根使主」とあり、同じく雄略十四年四月条に「根使主の後、坂本臣と為る」と記すように、坂本臣の本源は和泉国日根郡を本貫とした根使主だったことがわかる。使主は倭漢直の先祖とされる阿知使主・都加使主と同様の渡来人首長らの敬称で、先ほど述べたように根使主も同じような出自であった可能性があり、韓鍛冶を専職とする渡来系の集団であったと考えられ、五十瓊敷命の作刀にまつわる説話の背景を成した氏族ではなかろうか。

本節の議論をまとめると次のようになる。五世紀後半の時期、すなわち雄略天皇の時代に王権は各地の物部に配布・分与するための刀剣＝師霊を大量に作製する必要に迫られた。その頃中央政界では対朝鮮半島政策を主に担う勢力として大伴大連と紀氏とがあった。王権はこれら両氏に命じて半島から素材の鉄鋌と作刀の技術者である韓鍛冶の集団をもたらし、彼らの本貫に隣接する和泉国日根郡の地域で刀剣を作製させたのである。五十瓊敷命という王族が伝承の主人公になっているのは、作刀が王権の計画によって進められた政策だったからであり、実際に王権の命を受けて作刀を行った勢力は紀・大伴両氏であったとみられる。

五十瓊敷命のその後については『日本書紀』垂仁八十七年二月条に記述がある。

五十瓊敷命、妹大中姫に謂りて曰はく、「我は老いたり。神宝を掌ること能はず。今より以後は、必ず汝主れ」といふ。大中姫辞びて曰さく、「吾は手弱女人なり。何ぞ能く天神庫に登らむ」とまうす。五十瓊敷命の曰はく、「神庫高しと雖も、我能く神庫の為に梯を造てむ。豈神庫に登るに煩はむや」といふ。故、諺に曰はく、「天の神庫も樹梯の随に」といふは、此其の縁なり。然して遂に大中姫命、物部十千根大連に授けて治めしむ。故、物部連等、今に至るまでに、石上の神宝を治むるは、是其の縁なり。

現代語訳：五十瓊敷命が妹の大中姫に語って言うには、「私は老いたので神宝を管理できなくなった。今後はあなたに管理をまかせよう」と。すると大中姫は辞退して、「私はか弱い女ですので、高い神庫には登ることができません」と答えた。すると五十瓊敷命が「高いとはいってもはしごを掛ければ問題がないだろう」と言った。諺に「天の神庫であってもはしごさえあれば」とあるのはこのやりとりを由来としている。だが、大中姫は物部十千根大連に管理権を授けることとした。物部連の一族が今日まで石上の神宝を司ることになったのはこのことによる。

五十瓊敷命は年老いたことを理由に妹大中姫に神庫の管理を委ねることにしたが、大中姫も女人であるゆえに高い神庫の上り下りは無理だということになり、物部十千根大連に管理権が移されたという。しかし兄と同じく妹も年老いていたはずであるから、この伝記の作為性は明白である。文章の最後に「物部連等、今に至るまでに、石上の神宝を治むるは、是其の縁なり」と記しているのは、この文章が物部連の手で書かれたことを物語るもので、垂仁三十九年十月条本文と右の八十七年二月条は一続きの物部家記からの引用文であると解することができる。因みに物部連が物部朝臣に改姓されたのは天武十三年十一月のことであるから、家記の文章はそれ以前に書かれたものと判断できるであろう。また、大連守屋の滅亡後にも紆余曲折を経て、物部連の一族は石上神庫への関与を続けていたと推測することもできるのである。その辺の事情については後章で詳しく述べることにしよう。

第二章　物部氏の本職

一　警獄の吏としての物部氏

一般に物部氏は軍事氏族であると思われているフシがある。これは研究者でも同じであるのだが、しかしこの考えが十分な吟味を経た上での結論かと言えば、どうもそうではなさそうであり、その原因は物部氏の本職・本務がなお明確化されていないことと関係があるように思われるのである。そこで、本章ではすでに「師霊を佩持する者」と規定しておいた物部の職掌と氏族の性格を明らかにすることにしたい。ただ、霊刀を所持しているのだから立派な武人ではないかと言うのは少々武断に過ぎると思う。なぜならば、明治の警察官は国家から支給されたサーベル（洋風の長剣）を腰に下げていたのを思い起こしていただきたい。刀を帯びているのは軍人だけではなかったというのみならず、和刀ではなく洋刀によって軍人と区別していることもこの際考慮に入れる必要があるだろう。

古代の軍事氏族として最も著名なのは大伴氏とその同族とされる佐伯氏であり、背に弓箭を入れる靫を負った靫負部の武装集団を統率し、大和だけではなく畿内各地に拠点を置いて宮都に至る要地を警戒・防衛し、日夜に王宮の諸門の衛護を勤めたと伝えている。またそれと並んで雄略朝頃から国造級豪族の子弟を構成主体とする舎人軍が成立し、軍事機構の充実が図られる。そのほかに久米氏があるが、久米氏はおそらく大伴氏に先行する古い王権の親衛軍と推測され、五世紀中葉から後半頃に大伴氏の配下に組み込まれたようである。『日本書紀』雄略二年七月条に次のような伝承がある。

百済の池津媛、天皇の将に幸さむとするに違ひて、石川楯に婬けぬ。天皇、大きに怒りたまひて、大伴室屋大連に詔して、来目部をして夫婦の四支を木に張りて、假庋の上に置かしめて、火を以て焼き死しつ。百済新撰に云はく、己巳年に蓋鹵王立つ。天皇、阿礼奴跪を遣して、来りて女郎を索はしむ。百済、慕尼夫人の女を荘飾らしめて、適稽女郎と曰ふ。天皇に貢進るといふ。

現代語訳：百済王から献上された池津媛は、天皇の寵幸に先んじて石川楯と睦び合ってしまった。天皇は怒って大伴大連室屋に命じ、配下の来目部が二人の手足を木に縛りつけ、桟敷の上に並べ置いて焼き殺してしまった。『百済新撰』の記述によると、己巳年に蓋鹵王が即位し、天皇は阿礼奴跪を使者に仕立てて女性を求めたところ、百済では慕尼夫人の娘で適稽女郎と称する女性を飾り立てて献上したという。

百済から貢進された高貴な女性が民間人と勝手に結婚してしまったので、怒った天皇が大伴室屋大連に命じて夫婦を火刑に処したとする話である。来目部が処刑の実務に当っているが、大伴大連が統率する軍団に来目部が組織されていたこと、天皇が自ら判決を下し、刑罰が大伴氏の職務にもなっていたことがわかる。わざわざ本文に「百済新撰」の伝記が添えてあり、百済王権の命を受けて渡来してきた貴族女性がいたことがわかるが、己巳年（四二九または四八九）は雄略天皇の時代とは重ならないので参考とするわけにはいかない。しかしいずれにせよ、王権の支配機構が未熟な時期には軍事を担当する氏が刑罰をも兼任執行していたことを示すもので、物部氏が事件に関わっていないのは物部の組織がまだ成立していないことを示唆するであろう。

そもそも大伴氏・佐伯氏という軍事氏族や舎人軍がすでに存在しているにもかかわらず、これらとは別に新たな軍事集団を設置する必要があったのだろうか。古代の氏族はみないざとなれば武装が可能な存在であった。海洋を舞台に活躍した阿曇氏も王権の紛争に絡んで海人から成る自前の兵団を組織している。『日本書紀』履中即位前紀によると、阿曇連濱子は住吉仲皇子の反乱に加担し、淡路の野島の海人数十人を率いて皇子に味方をしたが、乱の終息後に捕えられ「死を免して墨に科す」刑罰を受けたという。この場合も判決は天皇が直接下しており、海人らも死罪を免れたとする。

おそらく、古い時代には軍事・警察・司法・行刑などの強制機構は未分化な状態で、それぞれの地域首長が独自の慣習や組織をもってこれらの権限を行使していたと考えられる。しかし、やがて宮都の所在地である畿内地域では天皇に公共的な強制権力が集中掌握されるようになり、王権を有力首長層の抵抗や反逆から守護するために早くから軍事部門が独立発達するが、王権を強化しようとするのに比例して首長層の反逆行動や犯罪が多発するようになった。これに対応して軍事部門をより一層純化する必要が生じ、警察・司法・行刑の機構が別の形で整えられるようになったと考えられる。物部氏は王権の強制装置のうち軍務とは別の分野、すなわち警察・行刑の職務を分担した氏族であったのではなかろうか。警察・行刑の職務も軍事とは切り離すことのできない職務であるために、ある意味では物部も軍事氏族の仲間であると誤認されてきた面があるが、そうではなく「警獄の吏」すなわち警察と行刑を専職とする氏族であったと解すべきである。以下にはできる限り多くの事例を紹介しながら、「警獄の吏」としての物部氏の実体を明らかにしていくことにしよう。

そこで、まずは『日本書紀』雄略十八年八月条を引用してみたい。

物部菟代宿禰・物部目連を遣して、伊勢の朝日郎を伐たしめたまふ。朝日郎、官軍至ると聞きて、即ち伊賀の青墓に逆ち戦ふ。自ら能く射ることを矜りて、官軍に謂ひて曰はく、「朝日郎が手に、誰人か中るべき」といふ。其の発つ箭は、二重の甲を穿す。官軍、皆懼づ。菟代宿禰、敢へて進み撃たず。相持ること二日一夜。是に、物部目連、自ら大刀を執りて、筑紫の聞物部大斧手をして、楯を執りて軍の中に叱びしめて、倶に進ましむ。朝日郎、乃ち遥に見て、大斧手が楯と二重の甲とを射穿つ。幷せて身の肉に入ること一寸。大斧手、楯を以て物部目連を翳す。目連、即ち朝日郎を獲へて斬しつ。是に由りて、菟代宿禰、克たざりしことを羞愧ぢて、七日までに服命さず。天皇、侍臣に問ひて曰はく、「菟代宿禰、何とか服命さざる」とのたまふ。爰に讃岐田蟲別といふ人有りて、進みて奏して曰さく、「菟代宿禰は、怯くして、二日一夜の間に、朝日郎を擒執ふること能はず。而るに物部目連、筑紫の聞物部大斧手を率て、朝日郎を獲へ斬りつ」とまうす。天皇、聞しめして怒りたまふ。輙ち菟代宿禰が所有てる猪使部を奪ひて、物部目連に賜ふ。

現代語訳：物部菟代宿禰・物部目連を伊勢に派遣して朝日郎を征伐させた。朝日郎は官軍が押し寄せると聞き伊賀国の青墓で抗戦した。自分の射芸を誇り「誰が私を殺せようか」と豪語し、彼が放つ箭は二重の甲を射とおしたので、官軍は近寄ることもできないでいた。菟代宿禰はひるんで二日の間攻める気もなかった。物部目連は手に大刀をとり、筑紫聞物部大斧手に楯を持たせて軍勢を叱咤し攻め寄せた。すると朝日郎は遠くから望んで大斧手の楯と甲をめがけて箭を射かけると、二重の甲を一寸も射とおして身体に刺さったが、大斧手は楯を目連にさし掛けたので、目連は朝日郎を捕まえて斬り殺すことができた。菟代宿禰は功を逸し恥辱により七日も復命が遅れたので、天皇からその理由を問われたが、讃岐の田蟲別という人物が菟代宿禰の振る舞いを奏上し、物部目連が筑紫聞物部大斧手を使って反逆者を斬り殺した次第を明らかにした。天皇は怒って菟代宿禰の所有する猪使部を奪い物部目連に賜った。

伊勢の逆賊朝日郎を征伐するために物部菟代宿禰と物部目連が派遣されたとする。物部は官軍と呼ばれ、弓箭による戦いの様子が記されているので軍事行動とみるのが妥当のようであるが、反逆者とされる朝日郎には従者はおろか支援する族人もいなかった様子で、また官軍という割には軍隊の構成がすべて物部から成っているのも奇妙であり、同族であるはずの物部菟代宿禰と物部目連は共同歩調をとっておらず、菟代宿禰の戦場における恥辱的なあり様と、目連配下の筑紫聞物部大斧手の奮戦が目立っているのである。

このように戦闘の物語としてはさまざまな疑問や矛盾があり、原話があったとしてもかなり杜撰な改変が施されているのではないかと評せざるを得ない。その原話というのは、朝日郎という伊勢国朝明郡の豪族が罪を犯したので、天皇が物部を現地に派遣したが、朝日郎が逃げまどい抵抗したために処断が遅れ、天皇の不興を買ったというようなことではなかったか。つまり物部は地方豪族との戦闘の目的で派遣されたのではなく、豪族本人の捕縛と断罪のために派遣されたのではなかろうか。雄略紀にはそのような内容の記事がほかにも幾つかあることが想起されるであろう。

官者吉備弓削部虚空、取急に家に帰る。吉備下道臣前津屋、虚空を留め使ふ。月を経るまで京都に聴し上らせ肯へにす。天皇、身毛君大夫を遣して召さしむ。虚空、召されて来て言さく、「前津屋、小女を以ては天皇の人にし、大女を以ては己が人にして、競ひて相闘はしむ。幼女の勝を見ては、即ち刀を抜きて殺す。復小なる雄鶏を以て、呼びて天皇の鶏として、毛を抜き翼を剪りて、大なる雄鶏を以て、呼びて己が鶏として、鈴・金の距を著けて、競ひて闘はしむ。禿なる鶏の勝つを見ては、亦刀を抜きて殺す」とまうす。天皇、是の語を聞しめして、物部の兵士三十人を遣して、前津屋并せて族七十人を誅殺さしむ。

（『日本書紀』雄略七年八月条）

現代語訳：舎人として仕えていた吉備の弓削部虚空が急用のため帰郷することになった。すると吉備の下道臣前津屋が虚空を引き留めてひと月の間も都に上らせないようにした。虚空は天皇に召されて事情を述べるが、「前津屋は小女を天皇に擬し大女を自分に見立てて闘わせ、小女が勝つと斬り殺し、また小さな鶏と大きな鶏を闘わせ、小さい鶏を天皇に見立てて毛を抜き翼を切り、大鶏を自分に擬して鈴・金で飾り立て、小鶏が勝つと刀を抜いて殺した」と証言した。そこで、天皇は物部の兵士三十人を吉備に派遣し、前津屋とその一族七十人を誅殺した。

吉備下道臣前津屋なる有力首長が天皇に対して不敬な行為を行ったので、物部が現地に派遣され一族七十人を誅殺したとする。「物部の兵士」が派遣されているが、わずかに三十人とあるので、はじめから戦闘を想定しておらず、むしろひそかな襲撃により断罪するという目的があったようである。この事件を史実であるとみる必要はないが、物部の職務はこのように警察的な性格を帯びるものであった。

凡河内直香賜と采女とを遣して、胸方神を祠らしめたまふ。香賜、既に壇所に至りて将に事行はむとするに及りて、其の采女を奸す。天皇、聞しめして曰はく、「神を祠りて福を祈ることは、慎まざるべけむや」とのたまふ。乃ち難波日高吉士を遣して誅さしめたまふ。時に、香賜、退り逃げ亡せて在らず。天皇、復弓削連豊穂を遣して、普く国郡縣に求めて、遂に三嶋郡の藍原にして、執へて斬りつ。

（『日本書紀』雄略九年二月条）

現代語訳：凡河内直香賜と采女の二人を派遣し宗像の神を祀らせた。祭儀の場に到着して事を行おうとした時、香賜は采女を姧してしまう。それを聞いた天皇は、祭儀は慎んで行うものであると言い、難波日高吉士を遣して誅殺させようとしたが、すでに香賜は逃げ失せてしまっていた。そこで改めて弓削連豊穂に命じて捜索させると、摂津三嶋郡の藍原で身柄を逮捕し斬刑に処した。

この話は九州玄界灘に浮かぶ宗像沖ノ島祭祀に関わるもので、実際にあった出来事とみてもよさそうである。現地の祭場に派遣された凡河内直香賜が随行していた采女を姧すという重罪を犯し祭儀を妨害したのである。天皇は対外交通に情報網を持つ難波日高吉士を選定して誅殺させようとしたが、香賜は逃亡し姿をくらましてしまったので、次に弓削連豊穂が下命を受けて捜索に乗り出し、摂津国三嶋郡藍原で犯人を捕捉し斬刑に処したという。弓削連は正確に言えば物部弓削連で、物部を専職とする氏の一員であったと推定される。

弓削連豊穂は河内国若江郡弓削郷を本貫とした豪族で、『延喜式』神名帳・河内国若江郡には弓削神社が登載されており、弓削氏は弓箭を作製することを専職としていたらしく、地縁によって早くから隣郡の物部大連家とも関係を有し、『新撰姓氏録』左京神別上・弓削宿禰の項に「石上と同じき祖」とある氏族が豊穂の後裔であるとみることができ、天武十三年十二月に弓削連は宿禰姓を賜っている。有名な物部大連守屋は通称でしばしば弓削大連と呼ばれたが、彼の母族が弓削連であり河内の弓削には守屋の所領や居館が設置されていた可能性があるが、その問題は後章で再説したい。

天皇、木工闘鶏御田に命せて、始めて楼閣を起りたまふ。是に、御田、楼に登りて、四面に疾走ること、飛び行くが若きこと有り。時に伊勢の采女有りて、楼の上を仰ぎて観て、彼の疾く行くことを怪びて、庭に顚仆れて、擎げる所の饌を覆しつ。天皇、便に御田を、其の采女を奸せりと疑ひて、刑さむと自念して、物部に付ふ。（下略）

（『日本書紀』雄略十二年十月条）

現代語訳：天皇は木工技術者の闘鶏御田に命じ、楼閣を造営した。御田は縦横無尽に楼閣を駆け回り仕事をこなすので、それを見仰いだ伊勢の采女が思わず卒倒してしまい、天皇に献上する食饌をひっくり返してしまう。天皇は御田が采女を奸したのだと勘違いし、物部に身柄を与えて刑を行おうとした。

楼閣を造る大工の棟梁だった闘鶏御田が、工事中の楼上で目にもとまらぬ素早さで仕事をするので、これを見かけた采女が驚嘆して思わず地に倒れ伏し、手にしていた御饌をひっくり返してしまう。天皇は御田が采女を奸したものと勘違いし、物部に身柄を預けて処断しようとしたという話である。省略した部分には御田の罪が許された事情が記されている。これと同じような話柄が次の伝記である。

木工韋那部真根、石を以て質として、斧を揮りて材を斲る。終日に斲れども、誤りて刃を傷らず。天皇、其所に遊詣して、怪び問ひて曰はく、「恒に石に誤り中てじや」とのたまふ。真根、答へて曰さく、「竟に誤らじ」とまうす。乃ち采女を喚し集へて、衣裙を脱ぎて、著犢鼻して、露なる所に相撲とらしむ。是に、真根、暫停めて、仰ぎ視て斲る。覚えずして手の誤に刃傷く。天皇、因りて嘖譲めて曰はく、「何處にありし奴ぞ。朕を畏りずして、貞しからぬ心を用て、妄しく輙軽に答へつる」とのたまふ。仍りて物部に付けて、野に刑さしむ。爰に同伴巧者有りて、真根を歎き惜びて、作歌して曰はく、

あたらしき　韋那部の工匠　懸けし墨縄　其が無けば　誰か懸けむよ　あたら墨縄

天皇、是の歌を聞かして、返りて悔惜びたまふことを生して、喟然きて頽歎きて曰はく、「幾に人を失ひつるかな」とのたまふ。乃ち赦使を以て、甲斐の黒駒に乗りて、馳せて刑所に詣りて、止めて赦したまふ。用りて徽纏を解く。復作歌して曰はく、

ぬば玉の　甲斐の黒駒　鞍著せば　命死なまし　甲斐の黒駒

（『日本書紀』雄略十三年九月条）

現代語訳：木工技術者の韋那部真根は砥石を用いて斧を磨き材木を切った。一日中切り続けたとしても斧の刃は欠けることがなかった。天皇がそこに訪れ、「刃が石に当って失敗することはないのか」と問うと、真根は「そういうことはありません」と答えた。すると天皇は采女を集め衣服を脱がせ褌の恰好で相撲をとらせた。真根は手をとめしばらく相撲を見たあと仕事を続けたところ、不覚にも刃

が欠けてしまう。天皇は「それみたことか、お前は何さまか、天皇たる俺を畏れかしこまること無くむやみに返答したものだな」と言い、物部に身柄を預けて原野に引き出し刑罰を加えようとした。しかし、同僚らが真根を惜しんで歌を作った。

あたらしき　韋那部の工匠　懸けし墨縄　其が無けば　誰か懸けむよ　あたら墨縄

天皇はこの歌を聞くと反対に惜しみ歎く心に突き動かされ、「もう少しで大事な人を失うところだった」と述べ、使者を早馬に載せ刑場に急行させ、罪を赦し縛縄を解除し、もういちど歌を作った。

ぬば玉の　甲斐の黒駒　鞍著せば　命死なまし　甲斐の黒駒

先ほどと同じ木工にまつわる話である。韋那部真根は斧の刃に傷をつけることなく木材を切る名人であった。自信に満ちたことを言う真根に、天皇は采女を集め面前で相撲をとらせてみたところ、思わず真根の手は失策してしまったので、天皇は物部に付けて処刑しようとする。しかし、彼の技量を惜しんだ同僚が歌を作って天皇を諌め、そのことに気づいた天皇はついに早馬をもって真根の罪を解いたという。

主人公韋那部真根は摂津国河辺郡為奈郷の人で、当地に居住する猪名部は新羅系の渡来集団として造船や木工を専職とし、物部連の統制を受けたらしい。『新撰姓氏録』によると左京神別の猪名部造、摂津国諸蕃の為奈部首、摂津国未定雑姓の為奈部首らはみな伊香我色雄命の後裔だと称しており、右の話は両者の日常的な職務関係を背景にして造作された話とみられ、物部が囚人を捕縛するのに縄を用いたこと、その護送に船を利用したと推測されること、処刑の場に野が使用されることがあったことなどを知ることができる。
以上に挙示した事例のほかに次のような著名な事例があるので指摘しておこう。それは物部大連麁鹿火に関する伝承である。

此の御世に、竺紫君石井、天皇の命に従はずして、多く礼无かりき。故、物部荒甲の大連、大伴の金村の連二人を遣はして、石井を殺したまひき。

（『古事記』継体段）

現代語訳：この御世、筑紫君石井は天皇の命令に背き、礼儀に欠けることが多かった。それで物部の荒甲大連と大伴の金村の連の二人の将軍を遣し石井を殺すこととした。

継体天皇の即位には複雑な事情があったらしく、天皇の統治に反逆したのが北部九州の豪族石井であった。『古事記』の記述は短文で要領を得たものではないが、石井は「多く礼无かりき」とあるように天皇の即位の正当性や対外政策に疑問を持ち反抗的な言動を成したため、物部大連荒甲（麁鹿火）・大伴連金村が現地に派遣され石井を殺したという。だが、継体朝の最大の功労者である大伴金村の肩書は大連ではなく、荒甲の副官のごとき不審な記述になっており、大伴氏は実際には派遣されなかった可能性が高い。
他方、『日本書紀』は次のように記す。こちらは長文なので、論旨に関係のある事項を交えながら簡単な説明を加えることにしたい。

継体二十一年六月に天皇は近江毛野臣が率いる軍衆六万を半島に向けて進発させた。新羅によって占領された半島南部の土地を奪還するための派兵である。しかるに、以前より朝廷の政策に不満をもっていた筑紫の磐井は叛逆を目論んでいたが、このことを知った新羅はひそかに磐井に賄賂を送り抱き込み工作を図った。毛野の軍が筑紫に到着すると、磐井は火国・豊国を根拠として毛野軍の渡海進軍を妨害し、毛野臣に対しては不遜な言辞を吐いた。そこで天皇は大伴大連金村・物部大連麁鹿火・許勢大臣男人らに磐井の征伐を諮問すると、金村は麁鹿火を派遣するのが最適であると進言したので、天皇もこの意見を許可し、麁鹿火を大将軍に任じたといい、同年八月には天皇が麁鹿火に詔して斧鉞を授け、「長門より東をば朕制らむ。筑紫より西をば汝制れ。専賞罰を行へ。頻に奏すことに勿煩ひそ（長門国より東の地域は朕の管轄区域である。筑紫以西は将軍の管轄に任せるので、煩雑な報告はしないようにせよ）」と記す。

書紀は派遣将軍を物部大連麁鹿火としていて、大伴金村が派遣された形跡はなさそうである。二十二年十一月条には、「大将軍物部大連麁鹿火、親ら賊の帥磐井と、筑紫の御井郡に交戦ふ。旗鼓相望み、埃塵相接げり。機を両つの陣の間に決めて、萬死つる地を避らず。遂に磐井を斬りて、果して疆場を定む（大将軍物部大連麁鹿火は自ら逆賊磐井と筑紫の御井郡において激しい戦いを交えた。ここからは一歩も引かないという意気込みで戦った結果、磐井を斬ることができ、その後国境を定めた）」とあり、麁鹿火が磐井軍と交戦し斬ったと記しているので、物部麁鹿火のみが派遣されたとしてよい。

継体二十一年六月・八月両条文は中国の文献による修飾がはなはだしく、史実に基づく記述とは考えがたい。また麁鹿火の天皇への報答文は大伴氏の家記によって作成された痕跡が認められ、書紀としてはかなり杜撰な編集になっている。また近江毛野臣の渡海は継体九年の事績と関連するものであり、磐井が決起した直接の契機・動因とは無関係のことであり、したがって両条文の史料としての信憑性はきわめて薄いであろう。麁鹿火の派遣は磐井との全面戦争を期してのものではなく、『古事記』に「多く礼无かりき」とあるように、磐井個人の反逆行為の調査と断罪が目的であったのであり、大規模な戦闘は想定されていなかったのではなかろうか。書紀は二十二年十二月条において、「筑紫君葛子、父のつみに坐りて誅せられむことを恐りて、糟屋屯倉を献りて、死罪贖はむことを求す」と書き、事後処置の内容・性格も書紀の描く戦闘とはかなり齟齬しているように思われる。

ところで、『筑後国風土記』逸文には、「上妻の縣。縣の南二里に筑紫君磐井の墓墳あり」という有名な伝記を載せる。福岡県八女市にある岩戸山古墳がそれである。北部九州で最大の規模を誇る前方後円墳で、墳丘東北部の別区と呼ばれる正方形の区画には石人・石馬・石猪・石殿・石蔵などと称された石像物が配列してあり、磐井に属する法廷の様子を模した空間だとされている。風土記は「筑紫君磐井、豪強く、暴虐くして、皇風に偃はず。生平けりし時、預め此の墓を造りき」とあり、天皇と同じく生前中に墳墓を造営し（寿陵）、そのことが叛逆の行為であり「官軍動発」の因であると記されている。継体記の「礼无かりき」の実体はこのことを指しているのかも知れないが、いずれにせよ物部大連麁鹿火の筑紫派遣は現地の豪族の犯罪を処罰するためのもので、書紀が描くような大規模戦を想定してのものなどではなかったとしなければなるまい。

二　伝承世界の物部

以上に指摘してきた伝記以外にも、物部の性格や本職が「警獄の吏」としての実体をうかがわせる伝承があり、なかには警察的な職務が人間の裏表の巧みな使い分けという非情な言動が絡んでいる事例もみられるので、それらを紹介し物部の実像をより鮮明に把握するための手がかりとしたい。最初に取り上げたいのは『日本書紀』履中三年十一月条である。

天皇、両枝船を磐余市磯池に泛べたまふ。皇妃と各分ち乗りて遊宴びたまふ。膳臣余磯、酒献る。時に櫻の花、御盞に落れり。天皇、異びたまひて、則ち物部長真膽連を召して、詔して曰はく、「是の花、非時にして来れり。其れ何處の花ならむ。汝、自ら求むべし」とのりたまふ。是に、長真膽連、独花を尋ねて、掖上室山に獲て、献る。天皇、其の希有しきことを歓びて、即ち宮の名としたまふ。故、磐余稚櫻宮と謂す。其れ此の縁なり。是の日に、長真膽連の本姓を改めて、稚櫻部造と曰ふ。又、膳臣余磯を号けて、稚櫻部臣と曰ふ。

現代語訳：天皇は磐余市磯池に先端の分かれた船を浮かべ、皇妃と分乗し遊宴した。膳臣余磯が酒を献げた時、桜の花びらが酒杯に舞い落ちたので、不思議に思った天皇は物部長真膽連を呼んで、「季節でもないのに飛来した花びらの出所を探してみよ」と命じた。直ちに長真膽は捜索を行い、池の背後の室山で見つけて献ることができた。珍奇な現象であると歓んだ天皇が、宮号を磐余稚桜宮と名づけたのはこの縁で、長真膽連の本姓を稚櫻部造と改め、膳臣余磯を稚櫻部臣とした。

履中天皇と妃が舳先の二俣に分かれた船を用いて遊宴したという。その場所は磐余市磯池である。磐余は六世紀の宮都が置かれていた地である。この池は磐余宮都を象徴する人工の溜池で、天皇や皇族らが専用した苑池であったらしい。池には鳥取部・鳥飼部らが捕獲・飼育した白鳥や鴨などの水鳥も放たれており、天皇や皇族の霊魂の復活・再生を行うための儀礼の場であった。船を浮かべての遊宴もそのような目的をもった呪的儀礼の一種だと考えられる。遊宴には酒が振る舞われたので食饌担当の膳臣余磯が伺候していた。ちょうどその時、酒を盛った盞にどこかから桜の花びらが飛来した。季節が違うので天皇は不思議に思ってわざわざ物部長真膽連を召し、花びらの出所を探索するように命じたのである。

物部長真膽連が天皇から指令を受けたとするのは、おそらく物部が警察的職務を担当する氏族だったことによる。彼はさっそく探索活動を行い、掖上の室山で桜の木を見つけたとする。掖上とは磐余池の後方に広がる丘陵（磐余山）のことらしく、天皇は磐余の地のめでたさと桜の花を讃美し宮号を磐余稚櫻宮と名づけた。遊宴の季節は十一月の新嘗祭の時期に相当し、遊宴そのものが新嘗祭の豊明であったとみることができ、桜の花びらは翌年に開花する稲魂の象徴と捉えられたに相違ない。

この由緒をもって天皇は物部長真膽連の姓を稚櫻部造とし、膳臣余磯を稚櫻部臣としたという。『古事記』履中段には「此の御世に、若櫻部臣等に若櫻部の名を賜ひ」とあり、若櫻部の命名の由来や長真膽に造姓を授けたことはすべて省いている。稚櫻部は宮号に因んだ天皇の名代部であり、その管理者に長真膽と余磯を任命したわけであるが、長真膽連の改姓は連姓から造姓への貶姓措置であり、その意味では彼の探索の功はほとんど評価されなかったとも言えるのである。とするなら、この伝記は丁未戦争以後の物部氏・膳氏の地位を反映する説話だとも言え、稚櫻部の設置は推古朝とみることが妥当であろう。ただし、飛鳥時代には稚櫻宮はすでに過去の宮室になっていたので、この話は実在した磐余池にまつわる説話として新たに造作されたものかも知れない。

次には履中天皇がまだ太子であった時の反乱事件の話を紹介しておこう。父の仁徳天皇没後にその太子伊邪本和気命（履中天皇）は難波宮で大嘗祭を行い、その豊明で深酒をして眠りこけてしまう。それを狙って弟の墨江中王が謀反を起こし大殿に放火して命を殺そうとしたのである。その時倭漢直の祖阿知が太子を救いだし馬に乗せて大和の石上神宮に遁れさせたという。これは『古事記』履中段に書かれている話であるが、『日本書紀』履中即位前紀では、馬を用意し太子を石上神宮まで護衛したのは平群木菟宿禰・物部大前宿禰・漢直祖阿知使主の三人となっていて、さらにわざわざ分註の記事として「一に云はく、大前宿禰、太子を抱きまつりて馬に乗せまつれりといふ」とある文章を挿入している。

双方の伝承に共通して登場するのは倭漢直阿知であり、応神朝に馬と馬の飼育技術を最初に伝えた氏族とされているので納得がいくが、平群木菟宿禰と物部大前宿禰については書紀編纂時の架上とすべきであろう。とりわけ大前宿禰は天皇に近侍して政務を補佐するという役割を象徴するような作為性の強い人名であり、またわざわざ分註を補入して危機的状態に陥った太子への忠義を強調しようとしているのが架上の疑いを抱かせる根拠になっている。おそらく大前宿禰の事績を書紀に架上したのは左大臣石上朝臣麻呂と推定され、麻呂自身が壬申の乱において大友皇子に最期まで随従し警護した経験や、中央政界において左大臣にまでのぼりつめた経歴がこのような人物像を作為することになった要因なのではなかろうか。

その大前宿禰にはさらに次のような話がある。『日本書紀』允恭二十四年六月条に、木梨軽太子が同母妹の軽大娘皇女と近親相姦したことが発覚するが、太子は加刑を免れ皇女だけが流罪になったとする。その後安康即位前紀によると、父帝亡き後太子は暴虐の行為を重ねたので人臣の心は穴穂皇子に集まり、兄弟はそれぞれ兵を興してにらみ合いになる。太子は自分に不利な情況になったのを知り物部大前宿禰の家に逃げ込み匿まわれたという。穴穂皇子が大前宿禰の家を囲むと、大前宿禰は「願はくは、太子をな害したまひそ。臣、議らむ」と言い、「是に由りて、太子、自ら大前宿禰の家に死せましぬ」と記す。この筋書きは、大前宿禰が最初から二心をもって太子を匿い、罪人を殺して王権・国家に忠義を貫くというスパイ的な行動を表現したものと言える。

書紀に記すこの伝承は『古事記』允恭段では軽太子が「物部大前小前宿禰大臣」の家に逃げ込んだことになっており、大前小前宿禰は「其の太子を捕へて、率て参出て貢進りき」とあり、「其の軽太子は、伊余の湯に流しき」という結末になったとする。宿禰の人名が大前小前宿禰といういかにも作為性が明らかなものになっているだけではなく、宿禰は自分を頼ってきた太子を罪人として逮捕し穴穂御子に身柄を貢進しており、穴穂御子への忠誠をより一層強調した書きぶりになっていることが読みとれる。さらに大前小前宿禰は「大臣」と記しているのであるが、『古事記』は和銅五（七一二）年に撰上され、当時石上朝臣麻呂は右大臣であったことを考慮に入れる必要がある。

さらに言えば、允恭天皇の後継者が歴史的な真実として木梨軽太子と穴穂皇子のいずれであったのかは不明であるが、物部の族長がこのように穴穂皇子に忠誠を尽くすという行動をとったのは、後述するように物部大連守屋の時代に穴穂部皇子が守屋の手で擁立されようとしたこととも何らかの関係があるのではないか。天皇として即位したと伝えられる穴穂皇子のほうがむしろ捏造された架空の人物ではないかともみられ、穴穂皇子こと安康天皇像を造作したのは石上朝臣麻呂ではないかと疑われる。石上朝臣麻呂のことはなお後章で詳しく検討するが、ここで略歴を示しておこう。

左大臣正二位石上朝臣麻呂薨ず。年七十八。帝深く悼み惜しみて、これがために朝を罷む。（中略）大臣は泊瀬朝倉朝庭の大連物部目の後にして、難波朝の衛部大華上宇麻古の子なり。

（『続日本紀』養老元年三月三日条）

現代語訳：左大臣で正二位の石上朝臣麻呂が亡くなった。享年七十八歳である。天皇は心から哀悼の意を表し、朝儀を停止する措置をとった。（中略）大臣は雄略朝の大連物部目の後裔で、孝徳朝に衛部だった大華上の宇麻古の子息である。

右の薨伝によると、彼の先祖は雄略朝の物部大連目であり、難波朝（孝徳朝）の物部宇麻古の子と記されている。物部目大連の子孫だという麻呂の主張が事実か否かという点についてもここでは深く問わないことにしよう。仮に麻呂自身の言い分を認めるとすると、次の伝承も彼の政治的意向に沿って書紀に記載された可能性が高くなる。

春日和珥臣深目が女有り。童女君と曰ふ。春日大娘皇女 更の名は、高橋皇女。を生めり。童女君は、本是采女なり。天皇、一夜與はして脤めり。遂に女子を生めり。天皇、疑ひたまひて養したまはず。女子の行歩するに及りて、天皇、大殿に御します。物部目大連侍ふ。女子、庭を過る。目大連、顧みて群臣に謂りて曰はく、「麗きかな、女子、古の人、云へること有り。娜毗騰耶皤麼珥。此の古語、未だ詳ならず。清き庭に徐に歩く者は、誰が女子とか言ふ」といふ。天皇の曰はく、「何の故に問ふや」とのたまふ。目大連、対へて曰さく、「臣、女子の行歩くを観るに、容儀、能く天皇に似れり」とまうす。天皇の曰はく、「此を見る者、咸言ふこと、卿が噵ふ所の如し。然れども朕、一宵與はして脤めり。女を産むこと常に殊なり。是に由りて疑を生せり」とのたまふ。大連、曰さく、「然らば一宵に幾廻喚ししや」とまうす。天皇の曰はく、「七廻喚しき」とのたまふ。大連の曰さく、「此の娘子、清き身意を以て、一宵與はしたまふに奉れり。安ぞ輙く疑を生したまひて、他の潔く有るみを嫌ひたまふ。臣、聞る、産腹み易き者は、褌を以て体に触ふに、即便ち懐脤みぬと。況むや終宵に與はして、妄に疑を生したまふ」とまうす。天皇、大連に命して、女子を以て皇女として、母を以て妃とす。

（『日本書紀』雄略紀元年三月条）

現代語訳：春日和珥臣深目には童女君という名の娘がいた。天皇との間に春日大娘皇女（別名を高橋皇女と呼んだ）をもうけた。童女君の身分はもと采女で、天皇が一夜だけ通じて女子を生んだという人である。だが、天皇は疑いを懐き養育を拒んでいた。ある時、大殿の前庭を幼女がよちよち歩くのを見て、天皇の傍らに侍っていた物部目大連が群臣らに、「可愛い女の子だ。誰の子どもだろうか」と言った。天皇は「何のためにそう言うのか」と問うと、目大連は「その女の子の歩く姿は天皇にそっくりです」と答えたので、天皇は「皆同じことを言うが、一夜のみのことで孕むというのは疑問である」とはねつけた。すると大連が言うには「一夜に何度召しましたか」と言うので、「七度だ」と天皇が応じたので、「それでは身籠るのも当然のことで、疑いもないことと言うべきです。孕みやすい人は下着に触れただけでもと言いますし、ましてや一夜に幾たびもということでは疑いをかけるのがおかしいでしょう」と返答した。そこで天皇は大連に命じて正式に女子を皇女とし、母を妃としたのである。

采女の童女君が一夜にして孕んだことに雄略天皇が疑念を抱いた時、傍らに侍っていた物部目大連が生まれた女子は天皇の実子であると説得したという話である。日夜天皇に近侍してその警護を担当し、天皇の身辺についてさまざまな情報を知り尽くしていた物部大連の職掌にふさわしい伝承であり、これにも左大臣石上朝臣麻呂の影響が及んでいるのではないかと考えられる。ただ、物部氏は中央政界にあって宮廷内に隠然たる勢力を持つ春日和珥臣つまりワニ氏とさまざまな関係を結んでいた兆候があり、この話もそういう伝記の一つであるとみられるので、話の中身のすべてを造作と断定するのは躊躇される。

三　負名氏としての物部

物部の氏の組織の実相を読者にわかりやすいように、ここで概念・類型の形で整理しておこう。前章で指摘した万葉歌などに八十氏（ヤソウジ）にかかる物部（モノノフ）という枕詞がみられたが、物部氏は大連家の統制下に複姓を有する雑多な氏集団と地方民から成る物部を組織していた。直木孝次郎は複姓を有する物部の伴造氏族を大きく二類型に分類し、物部弓削連のように「物部＋地名・職名＋連姓」（第一形式）をとる氏族と、来目物部のように「地名＋物部」（第二形式）から成る氏族のうち、前者を同族・同系氏族、後者を官司に属する伴部の官吏とみなした。前者は各地域で警獄の職権を命令・執行する官人であり、後者はその職権を行使する実務官人とみられる。しかし、物部の現実の組織はそれよりさらに複雑であった。

物部大連は朝廷の最高執政官として国政運営に参加し、それと同時に警獄の最高統括官として宮都・畿内・地方に張りめぐらされた物部の組織全体を統制管轄した。後章でも述べるように畿内の場合は大和・河内（凡河内）・山城が大きく三管区に区分されていたらしく、大連家の子息らが各管区の統括官に選任されていたようである。そしてその下部機構に弓削連・朴井連・韓国連・今木連・阿刀連・登美連・高橋連・交野連・依網連・高屋連・曽根連など地域名を負う有力伴造氏族が各地に配されており、これが物部の上級機構を構成した。一方、下部機構は佐伯造・二田造・矢田部造・大市造・大庭造・舎人造・坂戸造などの伴造氏族と、二田物部・久米物部・当麻物部・鳥見物部・羽束物部・肩野物部・尋津物部などの伴部（「百八十部」）から成り、後節でもしばしば実例を示すように警獄の実務を担当したのである。その他、首・直姓や無姓・部姓の氏族も多数にわたって組織されていたが、警獄の基本的な官制は以上のとおりである。

後で述べるように、丁未戦争（五八七年）で物部大連は敗死する。しかし畿内をはじめ全国の物部はこの戦争の影響をほとんど受けなかった。なぜなら警察・行刑の職務は常時欠かせぬ公共的機能であり、勝利者側の蘇我大臣家は物部大連家が統括していた「警獄の権」を全面的に回収・継承したものの、機構そのものを改組する必要性はほとんどなかったからである。その辺の事情・経緯についてはこれから順次述べていくことにするが、官司機構に存在する上級の管轄権・命令権を有する幹部層（伴造）と物部の実務を担う下部機構（伴部・部民）のうち、後者の機構・組織は八世紀以後の律令制の時期にまで温存されていくことになる。「負名氏」は「名（ナ）負（オヒ）ノ氏（ウジ）」と読み、大宝律令に規定された新しい官僚機構の下部組織において、それまでの実務や慣例に堪能であった氏の組織を引き継いだものである。負名氏がいなければ律令の官制はうまく機能・運営させることができなかったのであり、物部もそうしたものの一つと言える。

ここではまず推古朝から天武・持統朝までの実例を幾つか挙げて説明しよう。『日本書紀』舒明即位前紀にみえる関連記事を次に摘記する。

大臣、境部臣を殺さむとして、兵を興して遣す。境部臣、軍の至ることを聞きて、仲子にあたる阿椰を率ゐて、門に出でて胡床に坐て待つ。時に軍至りて、乃ち来目物部伊区比に令して絞らしむ。父子共に死りぬ。乃ち同處に埋めり。唯し兄子にあたる毛津のみ、尼寺の瓦舎に逃げ匿る。即ち一二の尼を姧しつ。是に、一の尼嫉妬して顕す。寺を囲みて捕へむとす。乃ち出でて畝傍山に入る。因りて山を探る。毛津走げて入る所無し。頸を刺して山中に死せぬ。

現代語訳：蘇我大臣蝦夷は、境部臣摩理勢を殺そうとして兵を派遣した。境部臣は兵がやって来ることを聞き、二男の阿椰とともに宅門に出て胡坐を組んで待つことにした。軍が来ると来目物部伊区比に命令して父子を絞刑に処し、同じ場所に埋葬した。長男の毛津は尼寺の瓦屋に逃げ込み、尼を姧したものの、嫉妬した別の尼にたれこまれて居所を知られ、近くの畝傍山に入って捜索を受け、逃げ切れないと観念してついに山中で自殺を遂げた。

推古天皇没後の日嗣選定において朝廷はおよそ半年間にわたって混乱をきわめた。女帝の遺言により候補者が田村皇子と山背大兄皇子とに絞られたものの、時の大臣蘇我蝦夷は専権を行使して候補者を指名せず、意見を聴取した大夫層の意見はほぼ均等に分裂してしまったからである。右の記事に出る境部臣とは摩理勢のことで、蘇我馬子とは兄弟、大臣蝦夷にとっては叔父に当る人物である。摩理勢は日頃から斑鳩の泊瀬王の宮に出入りしており、山背大兄皇子を推薦する考えを持ち、蘇我一族が進めていた馬子の墓の造営に際しては単独行動をとって族長蝦夷の不興を買っていた。おそらく摩理勢は族長権が蝦夷に握られたことに不満を持ち、双方の対立関係が頂点に達した時泊瀬王が病没したのである。好機到来とばかりに蝦夷は軍を発して摩理勢の自宅をとり囲み、覚悟の最期を迎えた摩理勢父子を絞刑に処した。

処刑を担当した来目物部伊区比は来目邑に居住する物部の伴部とみられ、付近に所在する軽市が彼の日常的な職務執行の場であったと想像される。後で述べるように古代の市は刑罰執行の場となっており、摩理勢は有力貴族であったため自宅で処刑されたのである。摩理勢の兄子毛津は懼れをなして近在にある寺院に逃亡し、さらに畝傍山に逃げ隠れたが、軍兵の追及を受けて山中に自殺したとする。この記事は史実に基づく記録と考えてよく、蘇我大臣の朝命に基づき物部の刑獄担当の伴部が動員されたとみてよい。

次に『日本書紀』大化五年三月条に記す事件を取り上げよう。その事件というのは改新政権の右大臣であった蘇我倉山田石川臣麻呂の謀反のことである。事件の詳細についてはすべて省略し、大和の山田寺で麻呂は最期を迎え仏殿の前庭において自殺したのである。その後のことについて書紀は次のように記す。

山田大臣の妻子及び随身者、自ら経きて死する者衆し。穂積臣嚙、大臣の伴党田口臣筑紫等を捉ゐ聚めて、枷を着け反縛れり。是の夕に、木臣麻呂・蘇我臣日向・穂積臣嚙、軍を以て寺を囲む。物部二田造塩を喚して、大臣の頭を斬らしむ。是に、二田塩、仍ち大刀を抜きて、其の宍を刺し挙げて、叱咤び啼叫びて、始し斬りつ。蘇我山田大臣に坐りて、戮さるる者、田口臣筑紫・耳梨道徳・高田醜雄・額田部湯坐連・秦吾寺等、凡て十四人。絞らるる者九人。流さるる者十五人。

現代語訳：山田大臣の妻子・随身者らで自殺する者が大勢いた。将軍穂積臣嚙は大臣の与党である田口臣筑紫らを捕らえ、首かせを着け後ろ手に縛り上げた。その日の夕方には木臣麻呂・蘇我臣日向・穂積臣噛らの率いる軍が山田寺を包囲した。物部二田造塩が召され、大臣の首を斬りおとした。二田塩は大刀を抜き大臣の遺体を刺し上げ、大きな叫び声を挙げながら斬首した。蘇我山田大臣に連坐して殺された者はすべて十四人で、絞刑に処せられたのは九人。流罪は十五人である。

記述のなかで最も注目される出来事は、自殺した後の大臣の遺骸に対して施された斬刑である。処刑を執行したのは物部二田造塩とあり、朝廷の命令を受けて動員された物部伴造の中心人物とみられる。処刑の描写は残虐で生々しく、このような事実の記述は他に見当たらない。このほかに大臣の伴党として斬罪に問われた者が十四人、絞刑が九人もおり、二田造配下の物部が相当数駆り出されたことが推定され、さらに流刑が十五人おり、囚人らは「枷を着け反縛れり」という措置を受けて獄舎に連行されたと推想できる。

ここではとくに、山田寺をとり囲んだ朝廷軍の指揮官のなかに穂積臣噛という人物が混じっていることに注意される。噛は山田寺に到着後、大臣の与党らを捕縛したと記されている。さらに噛は事件発生直後大臣が難波の第宅にいた時に天皇が派遣した朝使のうちの一人で、「天皇、大伴狛連・三国麻呂公・穂積噛臣を蘇我倉山田麻呂大臣の所に使して、反くことの虚実を問ふ」とあり、大臣の返奏に対して再度派遣された使者は「三国麻呂公・穂積噛臣」だったのである。穂積臣という氏族は後章でも論じるように物部連とは同族関係を唱えた氏族で、右の事件のなかでの一連の行動をみると、改新政権の官制機構において警獄に関わる官司の長官ないし次官クラスのポストにいた人物であった可能性が高い。物部二田造ら物部の伴造・伴部の役人らは嚙の命令・指示に従って刑罰を執行したとみられる。

ところで、奈良時代初めの養老元年三月に左大臣石上朝臣麻呂が没したことはすでに二節で述べているが、その伝記によれば麻呂は雄略天皇の時代の物部大連目という人物の子孫で、難波朝すなわち孝徳朝の「衛部」で冠位は大華上（律令位階制の正四位上）を拝した物部宇麻古の子であると記されている。大連目の子孫とする記述には疑いがあるが、宇麻古の子息というのは事実であろう。

難波朝の「衛部」という官司の実体は明確になっていないが、当時の中央官制は中国風の官名を採択していたらしく、「刑部尚書」「将作大匠」「祠官」などの官名が知られており、地方官には「総領・大宰」「評造」があった。「衛部」は天皇及び朝廷の衛護に任じる官司と推測され、麻呂も壬申の乱では終始大友皇子の側近に侍り皇子の自害を見届けるという任務を果たしている。父子ともに同じ性格の官司に在任した蓋然性があり、「衛部」は主に内廷に関わる警獄の職務を司った官で、大化年間には物部連宇麻古がその任に就き、山田大臣の謀反事件では穂積臣嚙が「衛部」の現地指揮官として大和に派遣されたのではあるまいか。

次に指摘したい伝記はこれも『日本書紀』斉明四年十一月条である。有名な有間皇子の謀反事件に関する記述を引用しておく。

有間皇子、赤兄が家に向きて、楼に登りて謀る。夾膝自づからに断れぬ。是に、相の不祥を知りて、倶に盟ひて止む。皇子帰りて宿る。是の夜半に、赤兄、物部朴井連鮪を遣して、宮造る丁を率ゐて、有間皇子を市経の家に囲む。便ち駅使を遣して、天皇の所に奏す。

現代語訳：有間皇子は蘇我赤兄の家に行き、楼閣上で謀議を練った。だが、偶然に脇息が折れたので、凶相のために計画を中止することにし、皇子は帰宅した。その夜半に赤兄は物部朴井連鮪を遣し、造宮丁を引率させて有間皇子の市経の家を囲ませた。同時に駅使を発して天皇に事を奏上した。

留守官蘇我臣赤兄は、紀伊国の牟婁温湯に行幸した斉明女帝・中大兄皇子とあらかじめ通謀し、女帝の数々の失政をあげつらい有間皇子に謀反をそそのかしたのである。しかし、謀議のさなかに不祥のことが起こり実行はいったん中止となるが、赤兄は物部朴井連鮪に命じ有間皇子を逮捕させたという。その後有間皇子は紀伊藤代坂で斬刑に処せられるのである。この事件で皇子の逮捕に向かった物部朴井連鮪は、大化元年九月に起きた古人大兄皇子の謀反事件の与党に名を連ねた物部朴井連椎子と同一人物である。鮪（椎子）は古人大兄皇子の舎人だった可能性があり、事件後には蘇我赤兄と親しくなるという経緯が想定される。鮪は深夜の緊急出動に際して物部の伴部を引率せず造宮丁を駆り出しているが、地方から宮都に集められた仕丁・人夫に兵器を持たせれば皇子一人の捕縛は容易だったからである。

物部朴井（榎井）連は、物部大連家またはその傍流の氏と何らかの姻戚関係にあった氏族とみられ、壬申の乱に際して大海人皇子の舎人であった朴井連雄君が大功をたてたことから、天武五年六月に亡くなると「恩を降して内大紫位を贈ふ。因りて氏上賜ふ」とし、没後とはいえ物部氏の族長に任命されるという栄誉を受けている。天武十三年に物部連が朝臣姓を賜った時、同時に朝臣を名乗るようになり、奈良時代以後は榎井朝臣として石上朝臣と朝儀を分担する氏として知られている。

榎井氏の本貫は大和国添上郡にあったようであるが、『新撰姓氏録』和泉国神別・榎井部の条には「同神（饒速日命）四世孫大矢口根大臣命之後也」とあり、『続日本後紀』承和十二年二月二日条に、「和泉国日根郡の人、戸主正六位上春世宿禰嶋公、兄左坊城主典従七位上春世宿禰嶋人、弟主税大允正六位上春世宿禰嶋長等に、姓榎井朝臣を賜い、右京二条一坊に貫す」とあって、和泉国和泉郡・日根郡方面にも榎井連やその部民の居地があったことが推測される。

ここまでの論述により、丁未戦争後の物部氏が負名氏として引き続き警獄の実務に携わっていたことがある程度理解できたと思うが、次には律令制定以後の物部を一通り瞥見しておこう。それによって大化前代の時期の物部の機構がさらにより明確化すると考えるのである。物部氏は警察・行刑を主とする職務を担当した負名の氏族であったから、罪人の摘発・逮捕や獄および囚人の管理・刑罰の執行などの職務を担当した。それゆえに大化前代に機能していた組織のうちの実務機構は律令制の下部組織として引き継がれた面が多いのである。ただし、地方では左右京職・摂津職・大宰府・国司に「糺察所部」の職務権限が与えられ、国司・郡司が警察・刑獄の職務を担うことになったので物部の制度は廃止されたが、中央諸官司の場合は大化以前の機構が存続し活用されていたようである。

養老職員令・囚獄司の条には囚獄の実務を担当する「物部四十人」と「物部丁二十人」が配置されていたが、「京及び畿内」の居住者から簡点された物部は「罪人の決罰を主当する」とされており、民部省から配当された物部丁と共同して囚人の管理・監視・処罰などの業務に就いていた。また、獄令・徒流囚の条には、「凡そ徒流の囚役に在らば、囚一人に両人防援せよ。在京は、物部及び衛士を取りて充てよ。〈一分は物部、三分は衛士〉」とあって、在京の囚人を就役させる時には「物部及び衛士」に分担監督させる定めであった。

『続日本紀』天平十三年三月八日条には、「外従五位下小野朝臣東人を禁じ、平城の獄に下す」とあり、また天平三年十一月十六日条には、「是より先、車駕京中を巡幸し、道獄の辺りを経て、囚らの悲吟叫呼の声を聞く。天皇憐愍みて、使を遣し犯状の軽重を覆審せしむ」とあって、京内に囚獄が設置されており、その取り扱いにはきわめて厳しいものがあったらしいことがわかる。獄囚はその罪の軽重に応じて著鈦・盤枷の違いがあり、放火盗犯・私鋳銭・強姦などは前者で数名ずつが脚部を連鎖され、後者の徒刑犯には首かせが装着された。夕刻には一様に杻（手かせ）を着けるのが規定であった。

宮城門の護衛と内裏および京域内の治安維持を担当した衛門府にも「物部三十人」が配置されており、職員令・衛門府条の『令集解』古記の解釈によれば、当府の物部は「内物部」と呼ばれ、「臨時に罪人を決罰せんがためこの府に在るのみ」と記し、「決罰の時、皆刀を帯びる」としている。当府の物部が特別に「内物部」と呼ばれ決罰の時に帯刀を許されていたのは、とりわけ宮城門内の「糺察」という任務が他の場合とは格段に重視されていたからであろう。

さらに物部は京内の東西市司にも配属されており、養老職員令・東西市司条に、「物部二十人」がいたことからも明らかで、京東西の市に計四十人の物部が属しており、「衛門及び東西市の物部は、刑部分配す」とあるように刑部省に属していた。東（西）市正の職務に「非違を禁察する」との規定がみえるように、物品取引の際の不正行為や騒擾、あるいは市の雑踏を隠れ蓑とした不法行為などの犯罪を実際に取り締まるのが物部であったが、古代の市はよく知られているように衆人監視の下に刑罰を執行する場となっており、杖刑や死刑は市で執行する慣例であり、『続日本紀』天平十三年三月九日条には、藤原広嗣の乱に連坐して禁獄された小野朝臣東人が「東西の両市に決杖各々五十にして、伊豆の三嶋に配流す」とあり、養老獄令には「凡そ大辟罪決せむは、皆市に於てせよ」とする規定がみえ、延喜刑部省式、死囚の条には、死刑を執行する時は刑部・弾正・衛門の担当官人が市司・囚獄の役人とともに市の南門に会合し、犯状罪名を囚人及び衆人に告げた後、物部が刑を執行することになっていた。

このように、中央の警察・行刑に関わる諸官司には数多くの伴部の物部が配置されていたが、延喜式・式部上に「凡そ囚獄司の物部は、負名の氏幷びに他氏の白丁を通じ取り、十人を補い、兵仗を帯びよ。其の東西市は各亦負名の氏の入色十人、白丁十人を取れ」とあり、令制前からの伝統を有する負名の物部を採用する慣例が平安時代以後にもなお受け継がれていたことがわかる。そもそも、警察・刑獄の職務は公共の職掌として権力の発生とともに古い由来をもつもので、大化前代に遡る整備された組織を体現していたのが物部氏であったと言えるであろう。

第三章　物部氏と古代の市

一　古代の市の風景

物部氏は純然たる軍事氏族ではなく、本来の職務が「警獄の吏」であるという基礎的な作業を前章で展開した。「警獄の吏」とは警察と刑獄を主な職務とした役人という意味である。いずれもが王権の支配と公共の秩序に反するさまざまな犯罪に対処する任務で、権力に対する謀反・反逆などの政治犯を始めとして、殺人・放火・強盗・窃盗・強姦・暴行・暴言・詐欺・生産妨害・神域汚損など古代の犯罪も現代のものとさほど変わることのない種類のものが多く、それらに対し犯罪人の取り扱いや処罰法・断獄の手続きなどは獄令に規定され、罪の軽重に応じ贖罪や処罰の規定が律として定められていた。いわゆる五刑（笞・杖・徒・流・死）で、これらの法規は中国の律令制度を取り入れた飛鳥浄御原律や大宝律令で整備されるものの、それ以前から何らかの形で慣習法として存在していたことはすでに前章の説明のなかでも触れることがあった。『隋書』倭国伝にも倭国の犯罪事情が次のように記述されている。

その俗、人を殺し、強盗および姦するは皆死し、盗む者は贓を計りて物を酬いしめ、財なき者は、身を没して奴となす。自余は軽重もて、あるいは流しあるいは杖す。獄訟を訊究するごとに、承引せざる者は、木を以て膝を圧し、あるいは強弓を張り、弦を以てその項を鋸す。あるいは小石を沸湯の中に置き、競う所の者をしてこれを探らしめ、いう理曲なる者は即ち手爛ると。あるいは蛇を瓮中に置きてこれを取らしめ、いう曲なる者は即ち手を螫さると。人すこぶる恬静にして、争訟罕に、盗賊少なし。

現代語訳：倭国の習いは、殺人・強盗・姦淫は死罪、盗は贓物に応じる物品を酬いる定めで、資財なき場合は身分を没して奴隷とする。それ以外は罪の軽重により流罪または杖罪になる。罪状を調べ究明するために、納得しない者には木を膝に圧しつけ、弓の弦をうなじに当ててのこぎり引きにする。あるいは熱湯の中にある小石を探らせ、ウソを言っている者は手が爛れるとし、土器に入れた蛇を探らせ、ウソを言う者は手を噛まれるという神判もある。人々は総じてのんびりし、訴訟はまれで、盗賊も少ない。

中国の知識人の目には七世紀頃の日本社会は全般的に犯罪も訴訟も少なく落ち着いていると記されている。殺人・強盗・姦淫は皆死罪になるとあり、盗犯は贓品を返還するが、財無き者は奴婢にされた。罪の軽重によって杖・流などの刑を課し、罪を認めさせるのに厳しい拷問の手段を用い、盟神探湯（クガタチ）のようないわゆる原始的な神判が記録されているのは古代に特有の現象であるが、本章では制度の詳細については省略し、古代社会の特色として犯罪が多発した場の問題をとくに重視しようと思う。なぜなら「警獄の吏」としての物部の主な日常的活動舞台がそこにあったと考えられるからである。

ところで、古代社会においては村落間や村落と山川海浜をつなぐ身近な里道、郡家を発して郡内各地および近隣の郡家に至る伝路、国境を越えて国府・駅家を結ぶ駅路、宮都周辺の大路などさまざまな種類の道路が存在したが、律令制以前の時代にはそれらはより一層整備されたものではなく、一般人の交通はごく限られた少数の道路を使用して行われていたので、それに即応して人が移動する方向や範囲なども自ずと限られたものになったと言える。山の神や坂の神が行旅者の半分を殺すというような伝説が各地に遺されているのも、古代における道行きの困難性を暗示している。

陸路を使用する場合には人身のみの移動はかなり容易であるが、何らかの荷貨物を伴う場合には舟運が便利であるので、河川湖沼や沿岸航路を利用する交通もかなり早い時期から発達していたようである。六世紀以後、とりわけ推古朝前後と大化年間の時期に宮都周辺地域と畿内では幅員の広い計画的な直線道路が敷設され、馬を備えた駅家が官人らの旅行に利用されるようになるが、日常生活に必要な一般人の地域間交通はなお古くからの道路や河川を利用する形で行われていたとみられる。そして、それぞれの地域で人々の集まりやすい場所として幹線道路が交差する衢（巷）や、幾つかの道路と河川・海港が交わり港津の機能を伴うような地点が自然に重要視されるようになり、そうした場所に市が形成されたのである。

市は主に物品の交易・交換を行うための場であり、古代の市は何らかの民俗信仰・儀礼・習俗などの節日を期して定期的に開かれたらしく、『常陸国風土記』茨城郡・高浜（茨城県石岡市高浜町）の条には、以下のようにある。

それ此の地は、芳菲の嘉辰、揺落の涼候、駕を命せて向かひ、舟に乗りて游ぶ。春は則ち浦の花千に彩り、秋は是岸の葉百に色づく。歌へる鶯を野の頭に聞き、舞へる鶴を渚の干に覧る。社郎と漁嬢とは濱洲を逐せて輻湊まり、商豎と農夫とは艀艖に棹さして往来ふ。

現代語訳：高浜の地は、春と秋には車を雇って訪れ、川舟に乗って遊覧する。春には浦の浜辺の花がいっせいに咲き誇り、秋には岸辺の木々の葉が紅葉する。鶯の鳴き声に耳を傾け、干潟に群れる鶴の舞を覧る。村里の男と女は浜洲を通って次々と集まり、商人や農夫らは小舟をあやつって行き来するのだ。

常陸国府に近い恋瀬川河口部の浦洲に当る景勝地では、春秋の季節に合わせて人々が陸路と小舟により集まり遊びを楽しんだと記す。市のことは何も記載していないが、物品交換の契機となった地方における定期的な会集の様子をうかがうことができる。

陸路と水路とが交わる渡船の場、とりわけ豊かな水産物に恵まれた水路がある場所には小規模ながらも漁業集落が形成されるようになる。『出雲国風土記』嶋根郡・朝酌促戸渡の光景はその典型であろう。「東に通道あり、西に平原あり、中央は渡なり。則ち、筌を東西に互し、春秋に入れ出す。大き小き雑の魚、時に来湊りて、筌の辺に駈駭き、風を圧し、水を衝く。或は筌を破壊り、或は日に腊を製る。ここに捕らるる大き小き雑の魚に、濱譟がしく家闐ひ、市人四より集ひて、自然に鄽を成せり（東には駅路の渡し場があり、西には洲の平原がある。中央部分は民間の渡し場である。竹製の漁筌をあちこちに設置し、春秋に入れたり出したりする。大小のさまざまな魚が集まり、筌の辺りでは魚が驚き跳ねる。大漁の時は筌が潰れることもあり、干し魚を製るのにも忙しい。浜は賑わい、民家は騒がしく、商人があちこちから集まり、取引するための店が自然にできている）」と記し、出雲国庁から嶋根郡家に向かう駅路（隠岐道）が中海と宍道湖をつなぐ大橋川の瀬戸に形成された渡船の場は、淡水と海産の雑魚の宝庫でもあったので、漁業を営む家を中心に朝酌郷が成立し、交易を目当てに周辺地域からも多くの「市人」が集まったとする。朝酌郷は風土記に「熊野大神の命、詔りたまひて、朝御饌の勘養、夕御饌の勘養に、五つの贄の緒の處と定め給ひき（熊野大神が託宣し、朝の御饌と夕の御饌のために、五つの部民の居住地と定められた）」とあって、意宇郡の熊野大社の神に朝夕の食饌を献上する村に指定されており、令制以前からの慣習であったことをうかがわせる。

『日本霊異記』下巻第二十七話には備後国の深津郡（広島県福山市）にある深津市をめぐる話を載せている。同国葦田郡の大山里（広島県府中市）の住人である品知牧人が十二月下旬に「正月の物を買はむが為に」遠く離れた深津市に向かい、途中で思いがけない体験をしたという話である。その体験談に関してはここでは問わないことにするが、それより一年前の十二月下旬に、同じく備後国葦田郡の屋穴国郷の穴君弟公と伯父の秋丸が「正月元日の物を買はむが為に」連れだって深津市に向かうことになった。彼らは「馬布綿塩」を持参していたが、途中で日が暮れたので野宿し、秋丸は弟公を殺害して市で讃岐国の人に馬を売り払い、その他の物は自分で使用していたということが後で発覚したというストーリーである。

この説話からは次のことが明らかになる。第一に、正月の物を市で買い整えるという風習が奈良時代には地方でも広く普及していたことがわかる。他界から家に戻って来る祖霊を迎え拝する儀礼で、儀礼用品の入手が郡境を越えた遠くの市に出向く要因になっていたのである。第二に、深津市はおそらく備後国内では有数の繁華な市で、山間部の諸郡では手に入らない物品が得られる市であったと考えられる。そのために同じ国内の別の郡の住人や瀬戸内対岸の讃岐国からも商人が来航していた。深津市はその名のとおり葦田川の河港市であったと推定されるので、国を越えた広い範囲の地域からも商人やさまざまな物品が集まったのである。第三に、物品の取引には銭貨ではなく「馬布綿塩」が用いられ、それと正月用品とが交換されていたことがわかる。おそらく銭貨も通用していたが、日常の交易では物々交換が普通の光景であった。

『日本霊異記』中巻第四話には美濃国片縣郡の小川市（岐阜市黒野古市場）をめぐる話もある。この市は長良川沿いに市場集落ともいうべき村を形成し、そこには三野狐と呼ばれた体軀の大きい百人力の女人が住んでおり、往還の商人の持ち物を奪い取ることを繰り返す乱暴者であった。ある時、尾張国愛智郡の片輪里（名古屋市中区古渡町）在住の力女が三野狐の乱暴の噂を聞きつけ、大量の蛤と熊葛でできた練韃二十本を船に積載して市のある港津に停泊した。さっそく現れた狐女は蛤を全部奪い取り練韃を売るように要求した。そして力女に対して問答を吹っかけるも生返事を繰り返したので、礼儀知らずの女だと思い殴りかかろうとすると、反対に力女は狐女の両手を捕らえて離さず撻を十回打ちすえ、撻が身体の肉にくいこむほどの勢いだったので、さすがの狐女も謝罪した。力女は、今後お前はこの市での居住をやめること、言うことをきかないのならば殺してやると言ったので、乱暴者はついにそこを退去し市人たちは安穏になったことを喜んだという。

この話からは次のようなことが読みとれる。第一に、奈良時代頃の地方の市はしばしば集落を形成しており、市における交易活動を主な生業とする人々が居住していたらしいということである。ただし、そうした存在は三野狐や力女のような集落内の一部の人間で、多くは農業生産に従事する農民だったと考えられる。第二に、市の交易において女性が重要な働きをして、力持ちで豪胆な性格の女がいるのは日常的に川舟をあやつり重量のある品物を扱ったためであり、さらには取引の際の駆け引きの才智に優れていたことによるものであろう。第三に、美濃国の小川市と尾張国の片輪里の市とが濃尾三川の河川交通によって緊密に結ばれており、伊勢湾周辺と内陸の諸産物の交換・流通が広く展開していた様相を推測することができる。第四に、市を根城にする乱暴者が撻打ちによって懲らしめられるという筋書きは、古代の市が公開処刑の場としての機能も取り入れた話になったからであろう。

尾張国愛智郡片輪里の力女に関しては『日本霊異記』中巻第二十七話にも関連する説話がある。この女性は同国中島郡大領尾張宿禰久玖利の妻であったが、国守とひと悶着を起こしたことが理由で夫から離縁され実家に帰住していた。ある時、草津川の河津で洗濯をしていると、大きな船に積み荷を載せた商人が通りがかり、女を見てその男はひやかしからかいの言葉を浴びせかけた。女は男と口論になり、さらに男は船をおりて女を打ちすえたのであるが、女はそれをものともせず、船の半ばまで水に引き入れるという大力を見せつけたのである。男は津の辺りの人々を雇って船と荷物を元に戻したが、女は怒りにまかせてなお船を一町ばかり持ち運んだので、男はついに女の前にひざまずいて謝罪したという。

通りがかりの大船の主がどこの商人であるのかはわからないが、富裕な商人であったことは、すぐさま当地の人夫を雇い半分沈没させられた船を元通りにしたことで推測できる。沿岸航路を用いて遠距離交易を行う商人だった可能性が高い。このような遠距離交易に携わる商人の姿は、『日本書紀』欽明即位前紀にみえる山背国紀郡深草里の住人秦大津父に関する伝記にも知られており、大津父は「伊勢に向りて、商償して」とあるように、馬を用いた伊勢との交易によって富裕化し、天皇の目にとまり「大蔵省」すなわち財政担当の官吏に任じられたとする。『日本霊異記』中巻第二十四話は、平城左京六条五坊の住人楢磐嶋の交易活動を描いた説話で、磐嶋の家は大安寺の西にあり、その寺では修多羅銭の世俗への貸付運用(「寺商銭」)により修多羅衆の活動経費に充てていたので、磐嶋はその借銭を元手にして越前の都魯鹿津(敦賀市)に行き交易を行い、琵琶湖を渡る時には船を運送の手段にしていたという。

また、『日本霊異記』下巻第六話には、吉野山の海部峯に山寺があり、その住僧が身体の衰えにより魚を食べて栄養をつけようとし、弟子に命じ紀伊国の海辺に行き新鮮な海魚を買わせることにした記述がある。弟子は魚を小櫃に納めて寺に帰ろうとしたが、「大和国の内の市の辺」に至った時、櫃から漏れる汁の臭いにより、寺の檀越らに櫃の中身を怪しまれ、強引に櫃を開かせられると、そこには法華経八巻が納められていた。

吉野は山国、紀伊は海辺の国であり、双方の特産品が日常的に交易されていた様子を垣間見ることができる話である。大和国宇智郡の吉野川沿いに「内（宇智）の市」（奈良県五条市）があり、鎌垣船と呼ばれた紀ノ川の舟運によってもたらされた紀伊の海産物を、大和国の住人はこの市で手に入れることができたと考えられるのである。

市にはしばしば盗品が持ち込まれることがあった。『日本霊異記』上巻第三十五話によると、河内国若江郡の遊宜村（八尾市弓削）出身の尼僧がいた。彼女は大和国平群郡の山寺に籠って修行に励み、知識を結んで仏と六道の画を描いて寺に安置しておいたが、図像が人に盗まれ行方知れずになってしまう。その後彼女は放生の善行を行うことを思い立ち、難波に行って市の辺りをうろうろしていると、樹上に置かれた竹製の箱のなかから何かの生き物の声がしたので、箱の持主に中身を見せるようにと迫ると、持主は生き物ではないと拒否した。一部始終を見ていた市人らは箱を開けるように要求したので、持主は慌てふためいて逃亡し、そこにはかつて山寺において盗まれた図像が入っていたというのである。

この話からは次のようなことがわかる。一つは、河内国出身の尼僧の生活圏が大和国平群郡から摂津国の難波辺りにまで及んでいることである。尼僧の山寺における知識に基づく活動範囲は若江郡を中心とする中河内地域やこれに隣接する大和国平群郡と推測されるが、彼女が放生のために難波の市に出かけたのは、そこが確実に海浜の魚鼈を得られる場所であることを知っていたからであろう。二つには、難波の市にも何らかのシンボルツリーとしての樹木があったことである。『続日本紀』延暦三年五月十三日条によると、難波市は四天王寺の北三町ばかりの地に所在したことがわかり、蝦蟇二万匹ほどが生息する池沼が付近にあった。後期難波宮から南に伸びる朱雀大路に沿って市が開設され、市人の存在がみられた。彼らは尼僧と盗人のやりとりを傍らから見ていて箱を開けるという「評（ハカリ）」＝判定を下した人々で、市の運営に影響を及ぼす立場にあった人々である。遷都の際に朝廷が市人の意見を聴取した事例が天平十六年閏正月にあり、市人は世間一般の民意を問うにふさわしいさまざまな情報を持つ存在でもあったらしい。

盗品と市で邂逅するという話は『日本霊異記』中巻第十九話にも見えている。利苅の優婆夷は河内国古市郡の人で、般若心経を誦する声は天下逸品、人々だけではなく閻羅王にも愛されるほどであった。ある時、平城京の東市に行くと、市の東門から入って経典を見せ売りし、優婆夷のそばを通り過ぎて西門から出て行く賤人がいた。優婆夷が使を遣わしてその経典を購入しようとしたところ、昔自分が書写した梵網経・般若経そのものであることがわかり、その売主が明確に盗人であることが知れたけれども、そのことは不問に付し、巻別直銭五百文で買い戻したという。

以上に紹介してきた多くの説話は奈良時代のもので、おそらく六世紀前後の時期の社会情況とは様相が異なるであろう。しかし、各地域で得られる自給品は別にしても、必需品である飲食物や衣料品・農工具類などは日常生活に欠かせない物資であり、さらに金属で作られた装飾品や高級な威信財などは政治的に設定された領域を越えた交易によってしか得られないもので、それらは宮都敷設の市や対外交渉の拠点となった難波市・国府市などでしか入手し得ないものであった。すなわち古代の市は必需品や財貨を交易・交換するための各地域の中心的な場であっただけではなく、郡や国の領域の範囲を越えた人々のさまざまな交流の舞台にもなっており、さらには市に盗賊や賤人と呼ばれた犯罪者や下層身分の人々が入り込むことが多く、さまざまな犯罪の温床や風評・情報の飛び交う空間でもあったことが理解されるであろう。前章では古代の市が処刑に使用される場であったことを指摘したが、犯罪に対する見せしめの場として市が利用されていたのは、警察と刑獄の公共的機能を充足するのに最適な社会的機能を市が担っていたためである。

二　畿内の衢と市

古代の市は衢（巷・チマタ）の路面に成立していた。市の立つ衢にはその衢に特有の樹木が植栽され、並木道を形作り市のシンボルツリーとなっていたらしい。後述する大和国の海柘榴市と椿（山茶花）・軽市と槻（ポプラ）・石上市と櫟や、河内の餌香市と橘・阿斗桑市と桑などの組合せがそれである。奈良時代の平城京の東西市にも柳が植えられていたことが万葉歌から知られ、聖なる樹木の根元が物品交換の行われる場であったことを示す。

市の起源は衢にあったと言っても過言ではない。衢とは「道俣」（『古事記』神代巻）という語句でも表されているように、道路が何らかの形状を成して交わる所をいう。岐は三叉路、街は十字路の意であり、港は水路の衢を表す。古代の衢は文字通り交通の要衝で、軍事的な意味でもまた宗教的な意味合いにおいても警戒を要する地点となっていた。行幸の際には車駕の前駆をなした隼人が犬の「発吠」をして悪霊を退けたのが「道路の曲」つまり衢であった。

衢は諸方から人々が集まりやすい場所であり、出会いと別れのるつぼであった。都城の「巷陌」には貧窮の民が食や銭を乞う光景がみられた。夕暮れ時に衢で出会う人の言葉をもって将来を占う夕占、これは後世の辻占の起源である。春秋に老若男女が衢に集い、歌舞飲食を伴った歌垣の風習は青年男女の婚姻の契機ともなった。大和の海柘榴市衢や軽衢は記・紀の古代歌謡や万葉歌にも知られた相聞歌の宝庫である。万葉歌人柿本人麿が死せる妻の霊を呼び戻す呪術を行ったのは軽衢である。村の入り口などに地蔵菩薩の堂があり、そこで盆踊りが行われたのは、衢が死霊を慰撫する誄（シノビゴト）の場で、この世とあの世とを言霊がつなぐことのできる霊域であったからである。石上衢・当麻衢には遊戯相撲の伝承が遺されている。古代の相撲は占いの一種で、稲の生育を保証する行為であった。

衢には「八衢比古・八衢比売」という男女一対の衢の神がおり、岐神＝悪霊を祓却する杖が地面に衝き立てられていた。後の道祖神がそれである。妖怪の形相を呈した猿田彦神も衢の神とされた。前にも引用したように、『延喜式』に載せる道饗祭の祝詞には「根国・底国より麁び疎び来む物」と言葉を交わし仲間になるなという文言が記載されている。それらの「物」＝精魅・悪霊が衢で撃退されたことを物語る。すなわち古代社会では疫病をもたらすのは衢の彼方からやって来る悪鬼の仕業とみなされていたのである。陰陽師の仕事である道教的な妖術の発達を促したのも魑魅魍魎の活躍する深夜の衢であった。

説明してきたように古代の衢は定期的あるいは不定期の民俗行事やさまざまな民間儀礼・祭儀呪術の行われる場となっていたので、居住地域を異にしお互いの素姓を知らない人々が集散するいわば都市的な性格をもった空間でもあった。そのために手持ちの物品を交換し合うという発想が生まれるのは当然であろう。市が衢の世界に成立したのはそのような要因によるものと考えられるが、計算ずくの商取引には危険がつきもので、悪態をつく口論や暴力行為もしばしば起き、紛争・犯罪の発生源にもなった。

古代の市に関して史料がまとまった形で存在するのは、やはり宮都の所在地である大和国や畿内の地域である。中央の物部の活動舞台もこれらの地域、とりわけ大和国と物部大連家の本貫の所在地と考えられる河内国を中心とする地域であったので、この地域の陸路のみならず水路も含めた交通路網を鳥瞰し、物部が担う職務の系統的・体系的な性格・特質をあぶりだしてみたい。なお、大化前代に遡る河内国は「凡河内国」という表現があるように令制下の河内・摂津・和泉三国の広い範囲を包括していたので、誤解のないようにここであらかじめ断っておきたい。

さて、宮都域や畿内地域に計画的な直線道路が敷設されるようになるのは推古朝以後である。それ以前の時期にも宮都域を起点とする幹線交通路は存在し、時間的ロスと渡河点を避け清らかな湧水が得られる地点を目指すという原則にのっとり、直線に近い道路が各地に形成されるようになっていた。奈良盆地は中央平野部や北西部に多くの河川・低湿地が集まっていたこともあり、またとりわけ物部の時代である五世紀後半から六世紀代には盆地南東部に宮都域がほぼ固定されていたので、南北方向の幹線道路は春日山系の西麓地域と南部の丘陵地帯・金剛・葛城山系とを結ぶ路線（山辺道・阿倍山田道・久米路）が古い時期から発達し、東西方向では河内から盆地北西部に入り、大和川を右目に見つつ真っ直ぐに石上を指向する道（北の横大路・龍田道）と、同じく河内から二上山の南北に所在する峠を越え（大坂道・当麻道）、直線で磐余・初瀬地域に達する道（南の横大路・初瀬道）とが主要なものであった。そして、これらの基幹交通路は幾つかの地点で他の道路と交差・分岐して衢を形成し、その衢の路面に市が成立するようになったのである。

大和国内に成立した市はいずれも幹線道路の衢に成立していることがわかる。実在したすべての市が古代の文献に網羅されているという保証はないけれども、有力な市には固有名を帯びる衢の名が付随していて、盆地内の交通上でもとりわけ枢要な地点に衢の市が形成されていた。盆地東北部の添上郡と山辺郡の境界には石上衢と石上市が、東南部の城上郡と十市郡の郡界付近には海柘榴市衢と海柘榴市が、南部の高市郡には軽衢と軽市が、西南部の葛下郡には当麻衢と当麻市が成立していた。盆地内を領域的に区分する郡は十二あるが、およそ三郡に一カ所という割合で市が存在したことが知られ、こうした現象はほかの国でも同様だったのではないかと推測される（第3図を参照）。

河内国の場合は文献的に多くの問題があるが、まず陸路の様相をみておくと、東部では生駒山系西麓に沿って南北に縦貫する東高野街道があり、西部では天満砂碓・上町台地・我孫子台地を連ねる直線道が大化期に整備され（難波大道）、これと直交する東西方向の道路が大阪湾岸各地のラグーンから発して東方へ敷設されたことが知られている。一つは、四世紀末頃に開設された住吉大津付近から東方に向かう磯歯津路、二つ目は浅香浦付近から泉北丘陵・羽曳野丘陵の先端部を東西に結ぶ大津道、三つ目は堺市の開口神社から発して古市・百舌鳥古墳群の陵墓地帯を貫く東西道（丹比道）で、その他に注意すべき幹線道として、右の諸道の多くが交会する河内東南部の藤井寺市国府付近から西北方向に平野部を斜行し、難波の四天王寺付近に達する渋河路（龍華道）があり、この道は河内平野を東南から西北方向に乱流した旧大和

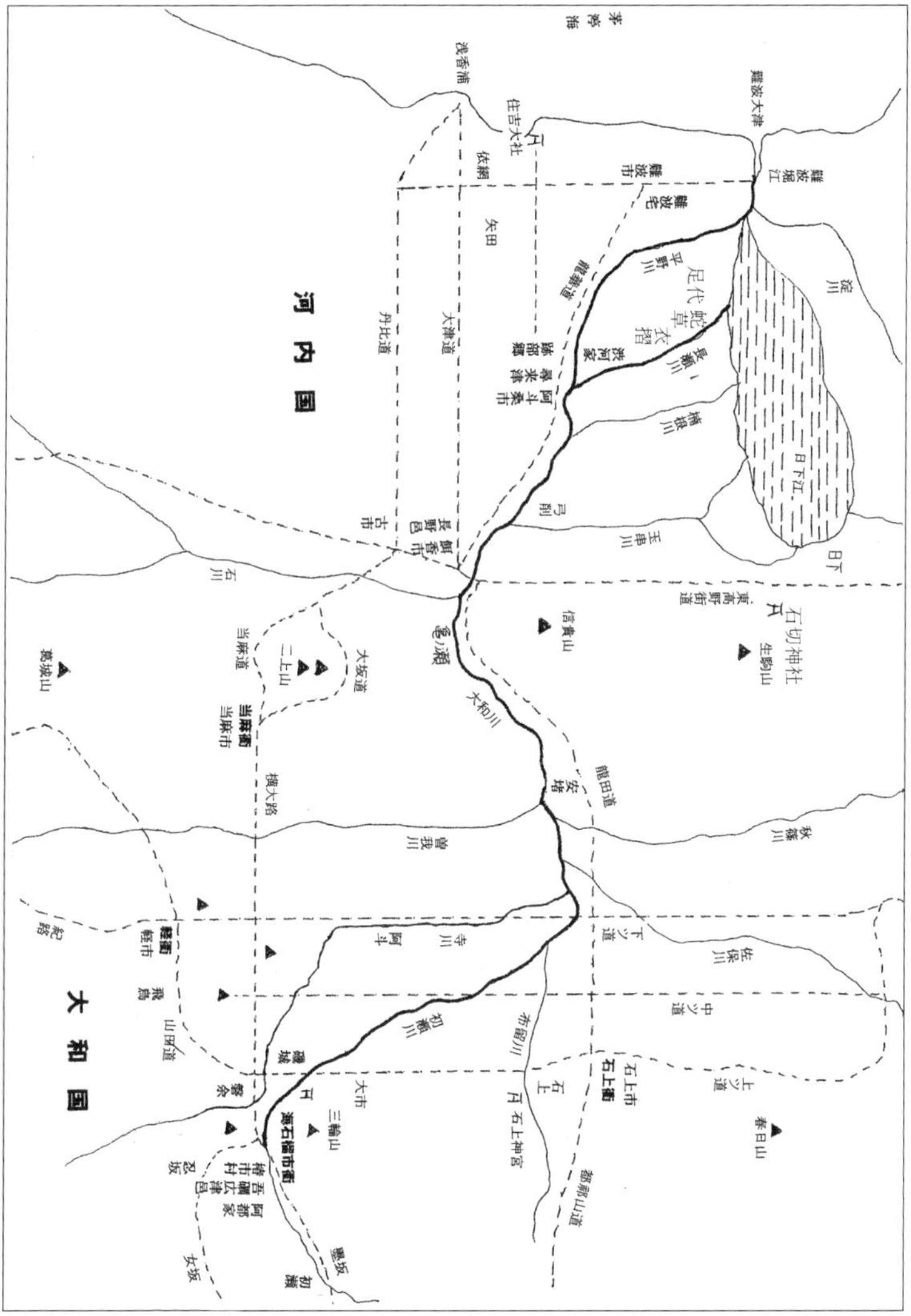

第3図 物部大連関連要図

川（恩智川・玉串川・楠根川・長瀬川・平野川）のうち、五・六世紀代頃の本流であった平野川の自然堤防を活用した斜向道路である。

旧河内国内の市の所在については史料的にきわめて乏しく、北河内・摂津地域、和泉地域、南河内地域などにはこれまでにも古代の市に関する確実な史料的根拠や情報が得られていないが、三カ国併せて三十郡の割合でいくと少なくとも十カ所程度の市が当該地域に分布していた可能性が高い。文献に登場する主要な市は難波市・阿斗桑市・餌香市・古市などで、いずれも石川・大和川に沿う中河内地域と難波に分布していることがわかり、それらの市は幹線道路の衢に成立し、さらにそれぞれの市に近接する場所には石川・大和川に面する港津が点在していたことが推定される。物部大連の本貫があった渋川郡は長瀬川・平野川の流域に当る地域で、大和と河内・難波を結ぶ大和川水系の要の位置を占めており、陸路だけでなくむしろ河川交通が物部の職務遂行にきわめて重要な機能をもたらしていた可能性が高いであろう。

三　物部と刑罰

物部氏が刑罰に関与していたことを示す事例として前章で数多くの史料をあげて紹介しておいたが、ここでは衢・市に関連した伝記を取り上げて詳しく検討してみよう。まず『日本書紀』雄略十三年三月条に次のような興味深い記事がみえる。

狭穂彦が玄孫歯田根命、竊に采女山辺小嶋子を姧せり。天皇、聞しめして、歯田根命を以て、物部目大連に収付けて、責譲はしめたまふ。歯田根命、馬八匹・大刀八口を以て、罪過を祓除ふ。既にして歌して曰はく、

山辺の　小嶋子ゆゑに　人ねらふ　馬の八匹は　惜しけくもなし

目大連、聞きて奏す。天皇、歯田根命をして、資財を露に餌香市辺の橘の本の土に置かしむ。遂に餌香の長野邑を以て、物部目大連に賜ふ。

現代語訳：狭穂彦の四世孫に当たる歯田根命がひそかに采女山辺小嶋子を姧す事件が起きた。これを聞いた天皇は物部目大連に身柄を預け、厳しく叱り罪を責めた。歯田根命は贖罪の物品として馬八匹・大刀八口を差し出し罪過を祓除するも、次のような歌を作った。

山辺の　小嶋子ゆゑに　人ねらふ　馬の八匹は　惜しけくもなし

歌を耳にした目大連は天皇に申し上げ、天皇は命の資財を餌香市の橘の樹の根元に露出させるという措置をとり、餌香の長野邑は物部目大連に賜ることになった。

『日本書紀』垂仁四年九月条の伝承によると、狭穂彦は妹で垂仁の皇后狭穂姫と共謀して天皇の暗殺を企て、失敗して妹と共に稲城のなかで焼け死んだ王族と伝えられている。『古事記』開化段には沙本毘古王は日子坐王と春日建国勝戸売の女、沙本之大闇見戸売との間に生まれた王族とされ、書紀と同様の事件を引き起こし殺されたとされる。書紀は王の系譜を記載していないが、『古事記』が父親を日子坐王とす

るのはおそらく記・紀編纂に際してのワニ氏や息長氏の改作の手になるもので、ワニ氏とは無関係の春日建国勝戸売・沙本之大闇見戸売・沙本比売という三代にわたる有力女性首長（女王）の系譜に連なる人物で、奈良盆地北東部の佐保（狭穂・沙本）・春日の地に蟠踞した王族であったとみられ、『古事記』は日下部連・甲斐国造の祖と記し、『新撰姓氏録』河内国神別の日下部連は「彦坐命の子、狭穂彦命の後裔である」とし、また『先代旧事本紀』国造本紀の甲斐国造は「纒向日代朝の世に、狭穂彦王の三世の子孫、臣知津彦公此宇塩海足尼を、国造に定め賜ふ」とあるので、記・紀が伝える謀反のことは妹の狭穂姫が生んだホムツワケ王の実在性と即位のことを隠匿するための虚偽の作為で、王の後裔を称する子孫が実在した可能性は高いと考えられる。

伝承通りとすると歯田根命は狭穂彦王の四世孫に当るが、由緒ある王族の子孫が采女と姦通するという許されない重罪を犯したので、天皇は物部目大連に身柄を預けて詰問と教誡を施し、馬八匹と大刀八口を贖罪の品として貢進させ罪を「祓除」したとする。古代の刑罰には人間に取り憑いた罪の原因となる穢れを「祓い除く」という意義があり、高天原で乱暴狼藉を働いたスサノヲ命が根国に「神夜良比爾夜良比賜」と流罪に問われたのも、穢れの権化と化したスサノヲ命をそのあるべき場所たる根国に追放したというこ とになる。歯田根命の罪は天皇の意向もあって教誡と贖罪の物品の貢進で済まされようとしたわけである。

ところが歯田根命は自身の行為を正当化するような不遜な歌を口にしたため、それを聞いた大連が天皇に奏上し、天皇の裁断により「資財を露に餌香市辺の橘の本の土に置かしむ」という措置が取られた。ここでいう「資財」とは命が所有する動産のすべてと推測され、第宅や田地などの不動産は官に没収されたと考えられ、おそらく命自身はより重い流罪ないしは死罪に処されたと想定される。「資財」については「露に餌香市辺の橋の本の土に置かしむ」とあるように、強制的に市における交易に付され処分されたのである。売買に付する品物を市の樹木の下に陳列するという古代の市における交易のありようがこの文章から読みとれるであろう。

右の伝記はおそらく物部氏の家伝に記載されていた職務奉仕に関わる記録の一つで、文章の末尾に「餌香の長野邑を以て、物部目大連に賜ふ」という記述がそれを証するであろう。餌香市は河内国志紀郡（大阪府藤井寺市）にあった古代でも有数の市で、『日本書紀』顕宗即位前紀に掲載された新室祝の歌にも「旨酒　餌香の市に　直以て買はぬ」という詞章が引用されているように、音に聞こえた美味の酒を入手できる市であった。

その所在地については不詳であるが、藤井寺市国府の国府遺跡が有力で、奈良時代以後には付近に河内国府が設置され、国府付属の市として殷賑をきわめ、宝亀元年三月に法王道鏡の政権が河内由義宮を若江郡弓削郷に造営した時には、由義宮に付属する「会賀市司」をわざわざ任命しており（『続日本紀』宝亀元年三月十日条）、河内東南部の要須の地に位置したことは間違いがない。国府遺跡は南北に広がる羽曳野丘陵の北部最末端の河岸台地上に所在し、石川と大和川の合流点（付近を衛我川とも称した）に近接し、奈良時代頃にはここに河内大橋が架けられていた。さらに当地は東高野街道・龍田道・大津道・渋河道（龍華道）などが交会する要衝にもなっており、諸道の交点に当る衢が市の設置された場所であったらしい。

一方、物部大連が天皇から授かり活動拠点とした長野邑については、『和名類聚抄』河内国志紀郡の項に長野郷が著録されており、現在の藤井寺市沢田・古室付近が該当地とみられる。古市古墳群中の仲哀・允恭両天皇の陵墓がそれぞれ「長野陵（恵我長野西陵）」「長野原陵（恵我長野北陵）」とあるが、天皇の実在性を含めどの古墳が真陵とされるかは不明で、允恭陵の南西にある仲津媛皇后陵が恵我長野西陵の候補とされてもおかしくないが、それよりもむしろ『延喜式』神名帳・河内国志紀郡の項に長野神社と辛国神社（いずれも藤井寺市藤井寺所在）が鎮座するのに留意される。とりわけ辛国神社は主祭神を饒速日命としており物部韓国連に所縁の神を奉祭していた可能性が高い。藤井寺付近は六世紀前半以後に王辰爾後裔と称する船・葛井・津三氏らの渡来氏族が本拠を構えた土地で、後世に社地や祭神の変遷が推定されるが、長野邑が餌香市から遠く離れた場所にあったと想定することはできないであろう。

右の伝承で注意される点は、餌香市が河内国内でも有数の市であり、物部大連が当地に拠点の村邑を営むことを天皇から命じられていることである。物部氏は長野邑に物部の伴部の集団を居住させ、諸道と河川・河港から市に出入りする人間の集散の情況、衢の民俗行事や祭儀および市における交易や諸物資の流通を監視し、さらにさまざまな犯罪行為に対処し、罪人を収監する獄舎と囚人の管理、駅家と獄舎など餌香市付属の施設をも管理・運営する任務を帯びており、さらには先の史料にもあったように刑罰の実務にも当ったと考えられる。歯田根命の本貫はどこなのかがわからないが、処罰の舞台が餌香市なので河内国内であったとすると、物部の活動には市の分布に対応する管区というような地域区分が設定されていた可能性もあり、長野邑と餌香市は河内国内の「警獄」の職務を統括する中枢機関の所在地だった可能性があるだろう。さらに、犯罪にも律令制の五刑に相当する幾つかの段階区分の規定が慣習法としてすでに存在しており、歯田根命は初犯の叱責と贖罪から、次犯の流罪ないしは死罪と全財産の剝奪処分に格上げされたことがわかる。

これまで河内の事例をみてきたが、それと類似した伝承として大和の海柘榴市の場合にも次のような記録がある。かなりの長文なので解説に必要な部分だけを引用することにしよう。

物部弓削守屋大連と、中臣勝海大夫と、奏して曰さく、「何故にか臣が言を用ゐ肯へたまはざる。考天皇より、陛下に及るまでに、疫疾流く行りて、国の民絶ゆべし。豈専蘇我臣が仏法を興し行ふに由れるに非ずや」とまうす。詔して曰はく、「灼然なれば、仏法を断めよ」とのたまふ。物部弓削守屋大連、自ら寺に詣りて、胡床に踞げ坐り。其の塔を斫り倒して、火を縦けて燔く。幷て仏像と仏殿とを焼く。既にして焼く所の余の仏像を取りて、難波の堀江に棄てしむ。是の日に、雲無くして風吹き雨ふる。大連、被雨衣り。馬子宿禰と、従ひて行へる法の侶とを訶責めて、毀り辱むる心を生さしむ。乃ち佐伯造御室を遣して、馬子宿禰の供る善信等の尼を喚ぶ。是に由りて、馬子宿禰、敢へて命に違はずして、惻愴き啼泣ちつつ、尼等を喚び出して、御室に付く。有司、便に尼等の三衣を奪ひて、禁錮へて、海石榴市亭に楚撻ちき。

（『日本書紀』敏達十四年三月条）

現代語訳：物部弓削守屋大連と中臣勝海大夫がそろって、「なぜわれわれの意見を容認されないのですか。欽明天皇以来、陛下の時代に至るまで疫病に悩まされてきたではないですか。蘇我氏が仏教を崇めたからです」と奏上した。天皇は「そのとおりだから仏法を停廃せよ」と命じた。そこで物部弓削守屋大連は寺に行き、胡坐をかいて監督し、塔を切り倒し火をかけて焼いた。同時に仏像・仏殿も焼き払った。焼き余りの仏像は難波堀江に流し棄てさせた。この日、雲もないのに風が吹き雨も降ったので、大連は雨装いの出で立ちをしていた。さらに馬子宿禰と配下の僧侶らを責めて恥辱の思いを起こさせた。佐伯造御室に命じ馬子に仕える善信らの尼を呼びだしたので、馬子は歎いて涙を流しながら身柄を御室に授けた。役人らは尼の法服を奪い取り、獄に禁錮し、海石榴市の厩舎で尻・肩を打つ刑を執行した。

仏教が伝来したのは欽明朝である。『日本書紀』は欽明十三年十月に百済の聖明王が釈迦仏の金銅像一軀・幡蓋若干・経論若干巻を天皇に献上したとし、『上宮聖徳法王帝説』や『元興寺伽藍縁起并流記資財帳』などは欽明八（戊午）年を初伝の年とするが、いずれにしても当時の日本人は仏教とりわけ仏像を「蕃神」・「隣国客神」・「仏神像」などという概念で捉えていたことは間違いがない。国内にはすでに古くから「国神」の信仰があり、それと対比する形で異国の神を受け容れるのか否かが問題となったわけである。欽明天皇は自らの見解を表明することをせず臣下に議論をさせ、蘇我稲目大臣は積極的に受容に賛成し、物部大連尾輿・中臣連鎌子らは猛烈に反対し、双方の意見が歩み寄らないので、天皇はいちど蘇我稲目個人に崇仏を行わせてみることにしたというのである。ところが、そうこうしているうちに疫病が流行する事態となり、その原因が異国神の崇拝に帰せられたのである。右の伝記に対応すると考えられる文章が『日本書紀』欽明十三年十月条の末尾にもみえている。

後に、国に疫気行りて、民夭残を致す。久にして愈多し。治め療すこと能はず。物部大連尾輿・中臣連鎌子、同じく奏して曰さく、「昔日臣が計を須ゐたまはずして、斯の病死を致す。今遠からずして復らば、必ず当に慶有るべし。早く投げ棄てて、懃に後の福を求めたまへ」とまうす。天皇曰はく、「奏す依に」とのたまふ。有司、乃ち仏像を以て、難波の堀江に流し棄つ。復火を伽藍に縦く。焼き燼きて更余無し。是に、天に風雲無くして、忽に大殿に災あり。

現代語訳：その後疫病が国内に流行し、人々が早死にする事態が起きた。物部大連尾輿・中臣連鎌子らが奏上するに、「かつての私どもの意見を取り上げなかったのでこのような事態になりました。元のようにすれば問題はないでしょう。できるだけ早く仏法を破毀し、幸福を得るようにしましょう」と述べた。天皇は「そなたらの意見に従おう」と断を下したので、関係部局は仏像を難波堀江に流し棄て、余すところなく寺を焼き払った。ところが、天候に異変がないのに大殿に災いが起きた。

この文章は敏達紀十四年三月条の粗悪な焼き直しであることがわかる。登場人物はそれぞれ物部尾輿↓守屋・中臣鎌子↓勝海・蘇我稲目↓馬子に変わっているだけで、同じ主旨の出来事が繰り返されているだけなのである。双方の文章において重要な点は、最終的に破仏を決断し命令を下したのが天皇であることで、欽明天皇と敏達天皇の両者は共に破仏の令を下すという矛盾した記述になっており、実際には「天皇、仏法を信けたまはずして、文史を愛みたまふ」（『日本書紀』敏達即位前紀）とあるように、敏達天皇の時にそのような勅命が出されたと解してよく、欽明朝の物部尾輿の時期には崇仏廃仏両派の動静はわからない。しかも破仏の行為を実行したのは「有司」と記されているのであるが、物部大連尾輿と中臣連鎌子とが廃仏の張本であるかのような印象を受けてしまう仕掛けになっていると考えられる。だが、敏達紀十四年三月条を詳細に検討してみると、物部大連守屋と中臣勝海大夫は後世に仏敵というレッテルを張られたような非道徳的な所業を行ってはいないと考えられる。とりわけ物部氏に関してはその本職が「警獄の吏」であるというフィルターを通して事件の内容・性格を見直してみることが肝要であろう。

そこで、伝承の内容を順に整理してみると次のようになる。

一、物部守屋と中臣勝海は疫病の流行の原因は蘇我臣が仏法を始めたことにあると天皇に上奏した。
二、天皇はその意見は理屈にかなうとして仏法崇拝の停止を命じた。
三、物部守屋は勅命に従って行動し、寺塔を斫り倒して焼き、火を縦けて仏像・仏殿を焼き払い、その他の仏像を難波堀江に流し棄てた。
四、守屋は蘇我馬子とその配下の修行者を叱責し恥辱を加えた。
五、守屋は馬子に供奉する三人の尼僧を喚び出して禁錮し、有司に命じて海柘榴市の亭において尻・肩を鞭打った。

排仏派の行動は一見すると乱暴きわまりない破壊行為・残虐行為のようにみえるが、彼らの行動は根本的には勅命に基づいていることを考慮に入れる必要がある。物部大連守屋は警察権・刑罰権を勅命により執行したに過ぎないとも言えよう。伝記によれば守屋は自ら寺に赴き有司の職務執行を指揮したとみることができる。

興味深いのは守屋の現地での行動と服装で、前者は「胡床に踞げ坐り」、つまり床几に腰かけて命令を下し執行の様子を監察したことで、書紀によると百済の聖明王は戦場において斬首された際に、「胡床に乗踞げて、解きて佩刀を谷知に授けて斬らしむといふ」（欽明紀十五年十二月条）と伝え、大海人皇子は大津宮の内裏仏殿の南庭で「胡床に踞坐げて、鬢髪を剃除りたまひて」出家したとされる。胡床に踞坐するのは高貴な身分の者が別の人格に変身する際に許された特権であるらしく、守屋は自らを何らかの超越者に擬し職務遂行を正当化しようとしたと考えられる。また、晴の日であるにもかかわらず風が吹き雨が降ったので、守屋は「被雨衣り」すなわち雨衣（アマヨソヒ）したと記すが、わざわざこのように服装のことを書き記しているのは異様で、具体的には守屋の服装は「笠蓑」の装いであったと推測される。「笠蓑」の着用に関しては『日本書紀』神代上・第七段・一書第三に、スサノヲ命が底根の国に神逐された時「青草を結束ひて、笠蓑」の姿で追放されたという神話を参考にすると、守屋は自身を底根の国の神、仏教でいう閻羅王に擬していたのではないかと推測されるのである。

守屋の職務執行の内容は三〜五の事項に区別することができ、三はA「寺塔の斫り倒しと焼却」・B「仏像・仏殿の焼却」・C「仏像の水流投棄」である。AとBは仏塔・仏殿・仏像に対する火刑の執行と言ってもよく、Cは大和川流末の難波堀江における仏像の底根の国への追放刑、すなわち穢れの国土からの祓除を意味するであろう。いずれの行為も単なるやみくもな仏教施設・仏像・仏具への破壊・暴力ではなく、政治的社会的な承認を得た刑罰・断罪であるとみなすことができ、この場合は人間に課せられる刑罰を仏法に適用したに過ぎないのである。

次に四は仏法を奉持し信仰する蘇我馬子個人と馬子に仕える修行者を「訶責」したとするもので、仏法を信じることや仏教儀礼に当る法会などを行うことをどなりつけて叱るという内容で、刑法の分野でいう教誡に相当する処分であろう。三の事項も含めこれらの処分は崇仏者にとっては堪えがたい処置で、書紀は「毀り辱むる心を生さしむ」と記している。

最後に記載のある五は、蘇我馬子の庇護を受けていた三人の尼僧に対する処罰を記録したもので、大連守屋は佐伯造御室に命じて尼僧を喚び出し、彼女らの法衣を脱がせた上で禁錮し、海柘榴市の亭において鞭打ちの刑を加えたと記す。この部分もかなり具体的な記述から構成されており、事実の記録を下敷きにした記述とみなしてよい。

まず注意されるのは、罪人が特定されて獄舎に連行されると、囚人は日常の服装を解いて厳重に拘禁され、やがて何らかの種類の刑を受けるということであり、そのような一連の流れを右の文章からくみ取ることが可能である。なお、書紀の伝記にはまったく記されていないが、罪人が獄舎に収監されている期間には禊祓が行われた可能性がある。海柘榴市に近い初瀬川の中流部は磯城川とも呼ばれ、その河原では神判の盟神探湯が行われたとする伝承（応神紀九年四月条）があり、また「泊瀬の中流に下りて、三諸岳にご購読ありがとうございます。このハガキをお送りくださった方には今後小社の出版案内を差し上げます。また、出版案内の送付を希望されない場合は右記口欄にチェックを入れてご返送ください。 □

お名前《ふりがな》　　歳　　男・女

〒　　TEL

ご住所

ご職業

お読みになっている新聞・雑誌名

〔新聞名〕　　〔雑誌名〕

お買上げ書店名

〔市町村〕　　〔書店名〕

愛読者カード

お買上の
タイトル

本書の出版を何でお知りになりましたか？

イ．書店で　　ロ．新聞・雑誌の広告で（誌名　　　）
ハ．人に勧められて　　ニ．書評・紹介記事をみて（誌名　　　）
ホ．その他（　　　）

この本についてのご感想・ご意見をお書き下さい。

注文書

年　月　日

書　名	税込価格	冊　数

★お支払いは代金引き替えの着払いでお願いいたします。また、注文書籍の合計金額（税込価格）が10,000円未満のときは荷造送料として410円をご負担いただき、10,000円を越える場合は無料です。

面ひて、水を歃りて盟ひて曰さく、『臣等蝦夷、今より以後子子孫孫、清き明き心を用て、天闕に事へ奉らむ。臣等、若し盟に違はば、天地の諸の神及び天皇の霊、臣が種を絶滅えむ』とまうす」（敏達紀十年閏二月条）とあるような、禊祓の服属儀礼が行われる聖地でもあったらしく、付近の河原は囚人の罪穢を禊ぎ祓う場でもあったのではないかと推想される。

こうして、獄舎に拘禁された尼僧らはその後海柘榴市の亭で「楚撻（シリカタウツ）」の刑罰を受けたらしい。海柘榴市の「亭」は『元興寺伽藍縁起并流記資財帳』に「馬（長）屋」とあるので、駅家の建物内部で杖刑を執行されたことがわかる。処刑の場は市の露天（令制では市の南門）が一般なのであるが、身分の高い人物や女性の場合は隠所が使用された。そうすると、獄舎も市に近い場所に所在したと推定することができるであろう。おそらく、大和国の場合は宮都域に含まれる海柘榴市の付近に物部大連が直轄管理した囚獄の施設があったとみてよいであろう。

次にここでは杖刑のことが記されている。これまでにみてきた諸事例を勘案すると、大化前代にあっても律令法の五刑に近似する刑罰が存在したことが理解されるであろう。そして囚人・獄舎の管理や処刑の実務に当ったのが物部大連を頂点とする物部の伴造・伴部の組織であった。右の事例の場合、罪人の連行から断罪までの一連の実務に携わったのは佐伯造御室であり、彼の差配の下で伴部の物部が動員されたと考えられる。

『元興寺伽藍縁起并流記資財帳』には乙巳（敏達十四・五八五）年のこととして、「他田天皇、仏法を破らむと欲ひ、即ち此の二月十五日に、刹の柱を斫り伐ひ、重ねて大臣及び仏法に依る人々の家を責む。仏像殿を皆破り焼き滅ぼし尽くす。佐俾岐弥牟留古造、三尼等を召し泣きて出で往く時に、現本臣は三尼らを将い、都波岐市の長屋に至る時に、其の法衣を脱がしめて、仏法を破り滅ぼす（敏達天皇は仏法を破毀しようと思い、その年の二月十五日に寺院の柱を斫り倒し、蘇我大臣と仏法に帰依する人々の家を責めた。仏像を収めた殿舎をすべて破壊し焼き滅ぼした。佐俾岐弥牟留古造が三人の泣きじゃくる尼を連行しようとすると、現本臣は尼に付き添い、海石榴市の馬屋に至ると、法服を脱がせ、仏法を破壊する行為に及んだ）」と記す。この伝記には廃仏派の巨頭とされる物部大連守屋の動静が記されておらず、また文中の「現本臣」（蘇我馬子のことか）は意味が通じないが、佐俾岐弥牟留古造＝佐伯造御室が警獄の実務を担当する官人であったことは確かであろう。

第四章　大連三代と阿都家

一　物部氏の登場

物部氏はいつ歴史上に姿を現すのか。言い換えれば物部の組織・機構がいつ頃から出現するのかという問題に関しては、現在の学界の議論はなお定まっていない。井上光貞は五世紀後半の雄略朝に大伴・物部の両軍事氏族が出そろい、雄略天皇の皇権強化の動きとその専制権力を支えた基盤になったと説いた。井上説を補強する形で現在の通説になっているのは直木孝次郎が提唱した五世紀中葉説で、物部は百済の部司制の影響を受けて成立した氏族であり、五世紀中葉頃に部の制度が導入されたのだと推定することが直木説の根拠になっている。

最近になって提起されたもう一つの有力な新説は篠川賢が提唱した継体朝説で、記・紀にみえる物部大連の系譜を検討した結果、継体天皇の擁立に重要な働きがあったと推定される実在性の認められる最初の人物は物部大連麁鹿火であり、それ以前には遡ることができないとみる。篠川は継体天皇の時期に連姓の氏族が成立するとも考えており、部制の施行は五世紀末以後であるとする平野邦雄の説ともあいまって、六世紀初頭ないしは前半期を成立期とするのである。篠川説では伴造・部制を管掌する大夫（マヘツキミ）の初見が宣化元年二月であることも考慮に入れられている。

このように見解が大きく分かれるのは、ひとえに記・紀の諸伝承に信憑性が乏しいためである。とりわけ権力機構における部制の成立如何が両説の可否を分ける重要な分岐点であるように思量されるが、雄略朝の辛亥（四七一）年に作られたとみられる埼玉県稲荷山古墳出土の鉄剣銘文と、同じくその頃に作製された熊本県江田船山古墳出土大刀銘文からは、大王の宮廷に上番・出仕していた中央・地方の首長らの伴（トモ）が杖刀人首・典曹人など人制に組織され、部制はまだ導入されていなかったことが明らかであり、篠川説のように部制の施行を六世紀前半頃にまで下げて考えるのが妥当のように思われるのである。

だが敢えて筆者がこの問題をどのように捉えているのかを次に述べておく。この問題を素通りしてしまうと物部の本質がわからないままになってしまうだけではなく、物部の歴史を具体的に描くこともできなくなるのである。物部の本質や実体に関してはすでにこれまでの各章の論議で関説してきたので、念のためここでは箇条書きの形で筆者の見解をもういちど要約しておきたい。

一、物部の八十氏・八十伴雄と唱えられ朝廷に出仕した伴（トモ）としての物部の氏名の起源は「物ノ負」すなわちモノノフであり、部制の施行後に地方貢納民である物部と同じ文字が使用されてはいたものの、モノノフの訓読は律令制の時代の口唱の世界にも継承されていた。したがって氏・伴としての物部の成立をことさらに部制の施行と結びつけ関連づける必要はない。

二、物部の「物（モノ）」とは具体的には師霊と呼ばれる特殊な霊刀で、モノノフとは師霊を佩持し王権に奉仕する者という意味である。その本職は警獄にあり、物部氏を前提なしに軍事氏族と規定するのは誤りで、警獄の機構の成立は大伴氏よりやや遅れるとみられる。

三、物部大連すなわち王権の最高執政官の登場がそのまま物部という制度の成立と一致するわけではない。物部の組織はまず雄略朝の時期に畿内およびその周辺各地の有力首長を警獄の官に任命するという形で施行が始まり、その後五世紀末に警獄の組織の上級統括官が出現し、さらにその人物が継体朝で初めて大連に選任されるという経緯をへていると考えられる。

さて、篠川賢が指摘しているように、物部大連の初現は麁鹿火とみるのが妥当である。前章でも触れたように、雄略朝には物部大連目にまつわる伝承があるが、物部連目が大連とされていることについてはきわめて疑わしく、雄略朝以後継体朝までの物部氏は大連の家格をまだ確立していなかったと考えられ、麁鹿火をめぐる伝承も武烈朝と継体朝にまたがってはいるが、武烈朝の大連は麁鹿火ではなかったとみられる。武烈紀の大連任命記事に麁鹿火が記されておらず、『古事記』継体段に「物部荒甲之大連」とあるのが留意されるからである。麁鹿火は宣化元（五三六）年七月に没したと伝えられ、一応これを信用すると五世紀末頃には中央政界で頭角を現し、継体天皇即位以前の時期に警獄の統括官に就任していた可能性が高いと思われる。

武烈朝の麁鹿火について、遺憾ながら篠川は関係伝承を政治的な視点から深く掘り下げて検討していないので、ここではまずその作業を行い、物部の成立時期を究明するための手がかりを得たい。

第3表 五、六世紀の皇宮（ゴチック体は磯城・磐余・初瀬地域の宮）

天皇	『古事記』	『日本書紀』	その他	大　臣	大　連
履中	**伊波禮之若櫻宮**	**磐余稚櫻宮**		平群木菟・蘇賀満智・葛城圓	物部伊莒弗
反正	多治比之柴垣宮	丹比柴籬宮			
允恭	遠飛鳥宮	（伝記無し）			
安康	石上之穴穂宮	石上穴穂宮		葛城圓	
雄略	**長谷朝倉宮**	**泊瀬朝倉宮**	**磐余宮**（霊異記）	平群真鳥	大伴室屋・物部目
清寧	**伊波禮之甕栗宮**	**磐余甕栗宮**		平群真鳥	大伴室屋
顕宗	近飛鳥宮	近飛鳥八釣宮	**或本、宮於甕栗**（顕宗元年正月条）		
仁賢	石上廣高宮	石上廣高宮			
武烈	**長谷之列木宮**	**泊瀬列城宮**		平群真鳥	大伴金村・物部麁鹿火
継体	**伊波禮之玉穂宮**	**磐余玉穂宮**		許勢男人	大伴金村・物部麁鹿火
安閑	勾之金箸宮	勾金橋宮			大伴金村・物部麁鹿火
宣化	檜坰之廬入野宮	檜隈廬入野宮		蘇我稲目	大伴金村・物部麁鹿火
欽明	**師木嶋大宮**	**磯城嶋金刺宮**		蘇我稲目	大伴金村・物部尾輿
敏達	**他田宮**	**譯語田幸玉宮**	**磐余訳語田宮**（霊異記）	蘇我馬子	物部守屋
用明	**池邊宮**	**磐余池邊双槻宮**	**磐余池邊双槻宮**（霊異記）	蘇我馬子	物部守屋
崇峻	**倉椅柴垣宮**	**倉梯宮**	**石寸神前宮**（法王帝説）	蘇我馬子	

億計天皇崩りましぬ。大臣平群真鳥臣、専国政を擅にして、日本に王とあらむと欲ふ。陽りて太子の為に宮を営るまねす。了りて即ち自ら居む。触事に驕り慢りて、都て臣節無し。是に、太子、物部麁鹿火大連の女影媛を聘へむと欲ほして、媒人を遣して、影媛が宅に向はしめて会はむことを期る。影媛、曽に真鳥大臣の男鮪に奸されぬ。太子の期りたまふ所に違はむことを恐りて、報して曰さく、「妾望はくは、海石榴市の巷に待ち奉らむ」とまうす。是に由りて、太子、期りし處に往でまさむとす。近く侍る舎人を遣して、平群大臣の宅に就はしめて、太子の命を奉げて、官馬を求索はしむ。大臣、戯言に陽り進りて曰はく、「官馬は誰が為に飼養へや、命の随に」といひて、久に進らず。太子、懐恨ひて、忍びて顔に発したまはず。果して期りし所にゆきて、歌場 歌場、此をば宇多我岐と云ふ。の衆に立たして、影媛が袖を執へて、たちやすらひ従容ふ。俄ありて鮪臣、来りて、太子と影媛との間を排ちて立てり。是に由りて、太子、影媛が袖を放したまひて、移廻きたまひて前に向みて、立ちて直に鮪に当ひたまふ。……

（『日本書紀』武烈即位前紀）

現代語訳：億計天皇が亡くなると、大臣の平群真鳥臣が国政を専断して王になろうとした。太子のために宮を造営すると見せかけ、完成すると自分がそこに住むなど、驕り高ぶりがひどく臣下の節度を失っていた。ちょうど太子は物部麁鹿火大連の娘影媛との婚姻を望み、仲人を使って影媛と会う約定を決めることにした。影媛はすでに真鳥大臣の子息である鮪のものになっていたが、太子との約定に背くわけにもいかず、「海石榴市の巷でお待ちします」と返事した。これにより太子は約束の場所に出向こうとし、近侍の舎人を平群大臣の宅に遣わして官馬を差し出すように命じると、大臣は「官馬はあなた様のために飼育しております。ご命令のままに」と、生返事をした上で一向に馬を仕立てなかった。太子はひどく機嫌を損ねたけれども顔には出さなかった。そうして約束の場所に行き、歌垣の群衆の中に混じって、影媛の袖を引っ張りながら足踏みをし誘いかけた。しばらくすると鮪臣がやって来て太子と影媛の間に割りこんだので、太子は影媛の袖を手放し、向きを変えて鮪と面と向かう形になった。……

億計（仁賢）天皇没後に大臣平群臣真鳥の子平群臣鮪と武烈太子とが影媛をめぐって争いになったとする。影媛はすでに平群鮪の女になってしまっていたが、太子からもたらされた話の約定を無碍に破ることができず、海柘榴市の巷で会うことを提案する。影媛は物部大連麁鹿火の娘と伝え、海柘榴市巷で開催される歌垣の場で二人の男性の間の争いに決着をつけようとしたのである。歌垣を会合の場に指定したのは、その習俗が青年男女の出会いと婚姻の契機になっていたからであり、『万葉集』巻十二―二九五一の歌には、

海石榴市の　八十の衢に　立ち平し　結びし紐を　解かまく惜しも

とあり、また同じく『万葉集』巻十二―三一〇一と三一〇二の歌に、

紫は　灰指すものそ　海石榴市の　八十の衢に　逢へる児や誰

たらちねの　母が呼ぶ名を　申さめど　路行く人を　誰と知りてか

とあって、海柘榴市衢は人口に膾炙した歌垣と市の立つ聖地であった。またこの衢は右の伝承にあるように六世紀代を中心とした磯城・磐余宮都に含まれる地域に所在したので、王侯貴族にまつわる歌垣の伝承を遺すことになったと考えられる。『古事記』清寧段にも書紀と関連する次のような説話がみえる。

故、天の下治らしめさむとせし間に、平群臣の祖、名は志毘臣、歌垣に立ちて、其の袁祁命の婚はむとしたまふ美人の手を取りき。其の嬢子は、菟田首等の女、名は大魚なり。爾に袁祁命も亦歌垣に立ちたまひき。（下略）

現代語訳：清寧天皇の御世のこと、平群臣の祖に当たる志毘臣が歌垣に登場し、袁祁命（後の仁賢天皇）が婚儀を欲していた美女に横やりを入れた。その女性の素姓は菟田首大魚で、袁祁命も歌垣の場に現れた。

歌垣では大臣平群臣真鳥の子志毘と袁祁命（仁賢天皇）とが一人の女性をめぐって争いを起こしたとする。志毘は書紀の鮪と同一人物で、この説話では志毘の恋敵が武烈太子から袁祁命（仁賢天皇）に変わっており、また奪い合いの対象が菟田首大魚で物部氏は説話から排除されている。歌垣の場についても記述がみられないが、書紀の伝承を勘案すると海柘榴市衢とみてよいものと思う。菟田首大魚が争奪の対象になったのは、宇陀地方の豪族や民衆が日常的に海柘榴市衢の歌垣に参集していたからであり、序章でも述べたように、物部大連家の影響力が宇陀郡にかなり強く波及していたことも関係していよう。

書紀の伝承では物部大連麁鹿火は影媛の父とあるだけで何の役割も果たしていないが、この伝承を単なる説話として看過できない史料が『新撰姓氏録』逸文の形で『太子伝玉林抄』に引く次の伝記である。

海石榴市の事、新撰姓氏録第十一巻に云はく、金村連。是は大和国城上郡椿市村の阿刀連等の祖なり。

現代語訳：海石榴市のことは、新撰姓氏録の第十一巻に、「金村連という人物は、大和国城上郡の椿市村に居住する阿刀連らの先祖である」と伝えている。

従来右の文章中の阿刀連は阿部連と読まれてきたので、城上郡椿市村に阿部連なる豪族が居住していたと推定されていた。しかるに姓氏録第十一巻は左京神別上に該当し、皇別氏族に分類され臣姓を有する阿部氏が神別になっているのは不可解な現象なのである。そこで佐伯有清は逸文の原本を調査したところ、氏族名は阿部連ではなく「阿刀連」であることが判明し、椿市村に阿刀連金村という人物がいたのだという事実を明らかにし、右に掲示した校訂文を公表したのである。

さらに佐伯は阿刀連が物部氏と強い同族関係を主張する氏族であったことから、物部大連麁鹿火の妻に阿刀氏がおり、その娘が影媛なのではないかと推察した。影媛が武烈太子との会合の場を海柘榴市巷に指定したのは、椿市村が彼女の生まれ育った里だったからではないかと推測し、さらには父親である麁鹿火の居館が当地に所在した可能性を強く示唆するのである。海柘榴市付近には炊屋姫皇后（後の推古天皇）

の別業である海石榴市宮も設置されていた（『日本書紀』用明元年五月条）が、宮都の市の周辺には王権や権勢者らが設置したさまざまな施設があったことが想定され、こうした問題については次節で明らかにしたいが、歌垣をめぐる説話とはいえ、物部大連の政治的拠点が海柘榴市の地に所在したということ、さらにその時期が武烈朝と伝承されていることはすこぶる重要な問題であろう。

次に、海柘榴市ということで想起されるのは、前章の最後でも引用した敏達十四年三月条の刑罰に関する記事である。その記事によれば三人の尼僧を処刑する実務を担当したのが佐伯造御室であるが、御室は物部大連の管掌下に組織された警獄の伴造であったとみられ、両者の関係は五世紀末に遡るのではないかと推測される。佐伯造という氏族は『新撰姓氏録』右京神別上・佐伯造の項に「天雷神の孫、天押人命の後なり」とする氏族で、物部氏の後裔であるなど同系関係を名乗っているわけではないが、大伴・佐伯両氏とも同系関係にない風変わりな氏族で、警獄の職務を担当するようになった事情を少し検討する必要があろう。

系譜上おそらくは御室の祖父に当る人物に佐伯部仲子（売輪）がいた。佐伯部は大伴大連の分家である佐伯連の管掌下にあった靫負の伴部で、佐伯仲子は市辺押磐皇子の帳内つまり舎人となり、『日本書紀』雄略即位前紀によると、即位前の雄略天皇は市辺押磐皇子を暗殺した際に側近に仕えていた仲子をも一緒に殺害し、二人は同じ墓に埋められたという。後に押磐皇子の子顕宗天皇が父天皇の墓穴を捜索したところ、どの骨が天皇のものか仲子のものかを判別できなかったという。その後仁賢五年二月条には、「普く国郡に散れ亡げたる佐伯部を求む。佐伯部仲子が後を以て、佐伯造とす」とあり、名誉回復の措置がとられ、佐伯部仲子の子孫は佐伯造という新たな伴造氏族にとりたてられ、物部大連の管掌下に入って警獄の職務に携わるようになったとみられる。このような双方の関係が生まれたのは仁賢朝すなわち五世紀末のことと推定することができる。

その他に、『新撰姓氏録』和泉国神別・韓国連の項と摂津国神別・物部韓国連の項にそれぞれ次のような記述がみえるので引用しておこう。

韓国連。采女臣と同じき祖。武烈天皇の御世、韓国に遣わされ、復命の日に、姓韓国連を賜ふ。
（『新撰姓氏録』和泉国神別条）

物部韓国連。伊香我色雄命の後なり。
（『新撰姓氏録』摂津国神別条）

韓（辛）国連は物部韓（辛）国連が公式の氏称で、氏の由来は韓国へ派遣されたことに依るとある。韓国（カラクニ）とは広く朝鮮半島南部の地域呼称で、特定の地名ではない。本貫は和泉国和泉郡唐国（大阪府和泉市唐国町）で、山城国葛野郡・摂津国三嶋郡と河内国志紀郡・近江国愛智郡などにも同族が分布していたようである。次に掲げる史料にはさらに詳しい事情が述べられている。

外従五位下韓国連源ら言す、源らは是物部大連らが苗裔なり。夫れ物部連らは、各居地と行事とに因り、別れて百八十氏と為る。是を以て、源らが先祖塩児は、父祖使を奉わる国の名を以て、故に物部連を改めて韓国連と為る。然らば則ち大連の苗裔、是日本の旧民にして、今韓国と号するは、還りて三韓の新来に似たり。唱遵するに至りて、毎に人の聴を驚かす。地に因て姓を賜ふは古今の通典なり。伏して望むらくは、韓国の二字を改め、高原を蒙り賜はらむと。請ふに依りてこれを許す。

（『続日本紀』延暦九年十一月十日条）

現代語訳：外従五位下韓国連源らが言上し、「われらは物部大連一族の子孫です。物部連らはそれぞれ居地と職務によって分かれて多数の氏族となりました。われらの祖先に当たる塩児は、使として派遣された国名に因み物部連を改め韓国連を称したのです。ですからわれらは大連の後裔であるだけではなく、もともとの日本人でありまして、今韓国と自称しているのは、まさしく三韓からの新来の人のように受け取られかねないのです。氏姓を呼ばれる際、いつも人の耳を驚かす事態が起きています。住む土地によって氏姓を賜るのがこれまでのしきたりですから、韓国の二字を改め高原という氏をいただければ幸いです」と申請した。その申請は許可された。

韓国連源の先祖である塩児の父祖が韓国に派遣され、帰国後に物部連を改め韓国連とされた。公式・非公式のさまざまな場面で氏名を唱導すると人の驚きを誘うので、高原連に変更したいと申し出て許されたとする。源の主張の主旨は、かつては韓国に派遣されることが誇りになっていたが、延暦の時代には帰化人の子孫とみなされるので、これを避けて日本風の高原連姓に変更したということである。先の姓氏録の記述と考え併せると、塩児の父が武烈朝に異国へ渡ったということになるが、派遣の目的や事情が何も記されていないので、この氏の由来は韓国からの渡来人であったとみる説もある。

和泉国和泉郡の唐国の地が韓鍛冶を統率した坂本臣の本貫に隣接しており、また坂本臣の起源となった渡来系の根使主が和泉国日根郡を本貫とする豪族であること、また天平十五年正月七日付の「優婆塞貢進解」に河内国日根郡可美郷戸主日根造夜麻戸口」に辛国連猪甘が属しており、戸主の日根造は姓氏録の和泉国諸蕃の項に「新羅国の人、億斯富使主より出ず」とあり、渡来系の氏族で姓が根使主とも一致していることも辛国連の出自を暗示しているだけではなく、韓国派遣という目的が以前に述べた鉄と鍛冶集団の獲得ということに関係しているのではないかと考えられるのである。

物部韓国連は文化面でも特異な技量を有する氏族であったらしく、僧尼令集解・凡僧尼卜相吉凶条に「古記に云はく、呪を持つを経の呪と謂ふ。道術符禁は道士法を謂ふ。今の辛国連の行は是れ（大宝令の注釈書である古記によると、持呪とは短い祈りのこと、道術・符禁は中国の道教の理論をさす。辛国連の修法はそれである）」とあり、奈良時代前半頃を中心に活躍した物部韓国連広足は『藤氏家伝』下・武智麻呂伝に「呪禁」の専門家として名が知られており、『続日本紀』文武三年五月二十四日条には、「役君小角、伊豆嶋に流さる。初め小角、葛木山に住みて、咒術を以て称めらる。外従五位下韓国連広足が師なりき。後に其の能を害ひて、讒づるに妖惑を以てせり。故、遠き處に配さる（役君小角が伊豆に島流しされた。小角は若い頃に葛城山に住み呪術で名を挙げた人である。外従五位下韓国連広足の師である。後年にその才能を悪いことに発揮し人々を妖惑したと訴えられ、遠い配所に流された）」とあり、天平四年十月には典薬頭にも任じられていて、道教的な知識と密教的な呪法に長けた人物であったことをうかがわせ、濃厚な渡来系の文化を継承・保持していた模様である。

『先代旧事本紀』天孫本紀には饒速日命の十四世孫に物部塩古連公の名がみえ、「葛野韓国連等祖」とあり、塩古連公の弟に物部金古連公がおり、「三嶋韓国連等祖」とあるが、みてきたようにこの氏がもともと物部大連家の系譜につながるという主張はとうてい信じられることではなく、塩古・金古兄弟の父祖の時代である五世紀末頃に物部としての職務活動を開始し、その直後の時期に先に指摘した目的を帯びて韓国へ派遣され、帰国後には韓鍛冶を管理する職務に就いた関係からも物部姓を韓国姓に改めるといった経緯をたどった蓋然性は高いと考えられるだろう。

以上三つの関連史料を取り上げて説明してきたように、物部の組織の成立は継体朝以前の五世紀後半から末期に想定することができると考える。

二　阿都と尋来津

これまでみてきたように、大伴と物部は互いに王権の軍事と警獄の職権を役割分担し、それぞれの職務を統括する地位に就任した上で、さらに王権に仕える最高執政官である大連に選任されたとみられ、そのうち物部大連は麁鹿火・尾輿・守屋の三代にわたる大連の系譜を保持したのである。麁鹿火がいつ大連に就任したのかは不明であるが、書紀の継体元年二月条に大連就任記事があり、継体朝から宣化元年に没するまでとみられ、尾輿については欽明即位前紀に大連任命記事があり、その没年は不明であるが欽明朝後半頃と推定され、守屋は尾輿の死を受けて大連となり、さらに敏達元年四月に大連に任命され、用明元年七月の丁未戦争で滅亡する。大連三代を合計すると書紀紀年では五〇七年から五八七年までのおよそ八十年間となり、この期間を物部の全盛期とみることができる。

問題とすべきは、物部大連がいかなる場所のどのような施設を拠点として警獄の職務を統括し、また大連として国政の中枢を左右する任務に当っていたのかという点であろう。物部大連家は河内国渋川郡を本貫とする在地豪族だったとする見解が一般で、筆者もこの考えを支持するが、河内の本貫とは別の場所に大連の政治的経済的拠点があったと想定するのが当然であり、序章でも述べたように従来の見解では大和における物部大連の主要拠点は山辺郡の石上郷に所在したとみなされてきた。しかし、当時の宮都は奈良盆地南東部の磯城・磐余・初瀬地域に置かれていたので、この地域の一角に物部大連の最も重要な拠点が所在したことが推測されて当然であろうと考える。そこで、筆者はこの問題を煮詰めていくために、前節で触れた阿刀連すなわち阿刀氏という豪族をもう少し詳しく論じたい。阿刀氏は物部大連麁鹿火の妻方の姻族だったと推測されるのである。

阿刀氏については亀井輝一郎に詳細な優れた仕事があり、筆者の見解も亀井説に多くを負っているが、そこには史料の致命的な誤読があるのも事実であり、それが物部の実相を曖昧なものにする要因になっていると考えるので、自分なりに阿刀氏についての史料を再検討してみることにする。なぜここで阿刀氏をことさらに取り上げるのかというと、阿刀（アト）という古代地名が大和・河内・山城などに数多く分布していて、その分布の仕方にある特徴があるからである。まずは『新撰姓氏録』によって畿内の阿刀氏の居所を確認しておこう。

阿刀宿禰――左京神別上〈石上同祖〉
阿刀宿禰――山城国神別〈石上朝臣同祖。饒速日命孫味饒田命之後也〉
阿刀連――山城国神別〈石上朝臣同祖〉
阿刀連――摂津国神別〈神饒速日命之後也〉
阿刀連――和泉国神別〈采女臣同祖〉

阿刀氏はもともと物部連と同族関係にあり連姓を帯びていたが、壬申の乱で安斗連阿加布と同姓の智徳が大海人皇子の舎人として活躍したことから、天武十三年十二月に宿禰姓を賜ったが、畿内に居住する同族の大部分は右の表記に示すように連姓のままに据え置かれた。『続日本後紀』承和十年十二月四日条には、「摂津国豊嶋郡の人左衛門府門部正八位上迹連継麻呂、式部位子従八位下勲八等迹連成人、武散位正六位上迹連浄足、式部位子少初位下迹連浄永ら七十人は、迹字を除き阿刀連姓を賜ふ。高祖は従七位上阿刀連生羽なり。祖父の従七位上乙浄は、天平年中に誤りて迹一字を以て姓と為す。庚午年籍を検べ、本姓に復す」とあり、摂津国豊嶋郡（大阪府豊中市・池田市・箕面市）は阿刀連の有力な集団が居住していた土地であることがわかる。同地は豊富な木材資源を供給した猪名川の流域に当り、川の河口部に居住していた新羅系の造船・木工技術者の猪名（為奈）部を管理するためであったと考えられる。因みに猪名部造（左京神別上）・為奈部首（摂津国未定雑姓）らの伴造氏族は、伊香我色男命の後裔を称する物部同系氏族であった。摂津国には難波の地に居住した集団もいた模様で、『日本書紀』朱鳥元年正月条によると、阿斗連薬の家が火事となり、その余波で難波宮の大蔵省が焼けたとする。

このように阿刀氏は畿内各地に分家を派出し、地方には越前国坂井郡、美濃国山方・加毛・肩県各郡、摂津国豊嶋郡などに阿刀部が分布するほどの有力な氏族集団であるが、大化以前に著名な人物を一人も出しておらず、下級伴造の家格に留まったらしい。山城国の阿刀連は葛野郡に式内社の阿刀神社（京都市右京区嵯峨広沢町）があり、愛宕郡山背郷に迹連刀自売が、相楽郡祝薗郷の郷長に阿刀連人万呂がいたらしく、各地に散在しており、その居地には氏祖神が祀られ地名になった場合が多いようである。右に引用した『続日本後紀』の史料によると氏名の迹と阿刀は通用するが、そのほか跡・安斗・阿斗・安都・阿都・安堵・吾礪なども同様である。

先に掲記した『新撰姓氏録』の一覧には大和と河内に阿刀氏の記載はないが、姓氏録の編纂が平安京遷都後で社会情勢が大きく変化していたからであり、むしろ両地域には六世紀に主要な集団が居住していた形跡がある。いま試みに大和・河内で阿刀氏に所縁のあったと考えられる地名を調べてみると、河内国渋川郡の跡部郷が注意される。渋川郡は旧大和川本流の長瀬川と平野川とに挟まれた低湿な沖積平野にあり、八尾市西部から東大阪市西部にかけてと大阪市生野区東部地区および平野区北東部に相当するが、跡部郷は八尾市跡部本町・跡部北の町・跡部南の町を中心にした地域であろうと推定され、西に隣接する亀井町に延喜式内の跡部神社が鎮座しており祭神を饒速日命としている。また、『日本書紀』敏達十二年是歳条には「阿斗桑市」「桑市村」に倭系百済官人日羅を迎接・滞在させる客館を造営したとする記事がみえるが、当地の河港には市と集落が存在し、阿刀氏の集団が居を構えていただけではなく、跡部郷の北に隣接して渋川町があり、物部大連家の重要拠点の一つがそこに所在したとみられる。通説では阿刀氏の本貫はこの渋川郡跡部郷だとしているが、筆者は大和国内に点在する阿刀地名にも着目してみた。

大和では斑鳩東部の平群郡額田郷付近に安堵という地名が現存し（生駒郡安堵町）、大和川諸河川の合流点の北岸に位置する。また磯城郡田原本町坂手にはかつて阿斗と呼ばれた集落が所在したらしく、並河永『大和志』の城下郡阿刀村里の項には「坂手村東南、人家今亡」とあり、推古十八年十月八日条にみえる新羅・百済使節が滞在したとされる「阿斗河辺館」が当地に設置されたと想定されている。ここは下ツ道と寺川との分岐点であり、阿刀氏が居住していた可能性は大きいが、大和における最も重要な河港が所在したのは城上郡であると考えられ、そこに阿刀氏の拠点・居住地があったと考えられるので、これから幾つかの史料を援用しながらそのことを検証してみよう。

まず、大和国城上郡には上市郷が所在した。『和名類聚抄』によると城上郡に属した諸郷は辟田・下野・神戸・大市・大神・上市・長谷・忍坂の八郷である。上市郷は大神郷の次、長谷郷の前に置かれているので、三輪山南麓・鳥見山北麓付近の扇状地を境域とした郷であろう。三輪山の南から南西麓を初瀬川と粟原川が西北西方向に流れており、とりわけ初瀬川は流路の定まらない暴れ川で、付近平野部（城島遺跡）の発掘調査では横大路（初瀬街道）の路線から北に行くほど河川流路の痕跡が目立ち、鎌倉時代以降に現在のように陸化した土地であることがわかる。そうすると上市郷は横大路沿いの鳥見山の北麓一帯の地域とみることができる。

次に上市郷の郷名はおそらく海柘榴市（椿市）に由来するものであろうから、海柘榴市とその衢の位置を特定することが重要になる。通説によれば海柘榴市と衢の場所は椿市観音堂がある桜井市金屋の地に比定されているが、当地には大路の衢が所在した交通的条件を見出すことができず、むしろ桜井市の大字外山・赤尾・慈恩寺の境界点になっている宇陀ヶ辻の地点を重視すべきである。宇陀ヶ辻は横大路（墨坂）と忍坂郷を通る女坂・男坂の分岐点になっており、盆地南東部から宇陀郡を経て伊賀・伊勢方面に通ずる交通上の要衝を占める。しかもその北は長谷渓谷の出入り口に近く、初瀬川を船で遡行する際の起終点に相当する場所でもある。したがって、前節で論じた海柘榴市衢をここに比定し、当地に阿刀連の居住する椿市村と河港が所在し、さらに物部麁鹿火大連とその娘影媛が住んだ居館が存在した蓋然性が高いのである。

阿刀氏がこの地に居住していた証跡は次の史料によっても確認できる。

尺の善珠禅師は、俗姓跡連なり。母の姓を負ひて跡の氏と為る。幼き時母に随ひて、大和の国山辺の郡磯城嶋の村に居住す。得度して精に勤めて修学し、智行雙に有り。（下略）

（『日本霊異記』下巻第三十九話）

現代語訳：善珠禅師の俗姓は跡連である。母の姓を名乗り跡の氏と呼ばれた。幼年時代には母の里である大和国山辺郡の磯城島村に居住していた。やがて仏門をめざし得度して一生懸命に教学を修め、智行ともに優れた僧侶となった。

善珠（七二三～七九七年）は秋篠寺を開基した僧として著名である。幼年に興福寺に入り、僧正玄昉に師事し法相宗を学んだ。『扶桑略記』延暦十六年四月二十一日条には、「僧正善珠卒ぬ。年は七十五。皇太子其形像を図き、秋篠寺に置く。法師は、俗姓安都宿禰、京兆の人なり。流俗に言ふこと有りて、僧正玄昉、太皇太后藤原宮子に密通せり、善珠法師は実に是れ其の息なりと云々」とあり、出自や出身地は霊記の記述が正しいと考えられるが、母に従い生育した大和国城上郡（山辺郡は誤り）の磯城嶋村は上市郷の属邑であったとみなしてよく、跡（安都）すなわち阿刀氏の居地であった。因みに右の俗説にみえる僧正玄昉も阿刀氏で、師弟の同族関係が俗説を生む第一の要因になったと推測できるであろう。それはともかく、このように大和国城上郡上市郷には椿市村・磯城嶋村など阿刀氏が集団で住む村があったことが確認できた。

そこで次に阿刀氏という氏族の職掌が何であったのかを考えてみたい。これまで述べてきた阿刀氏の居住地には興味深い特徴があるのに気づくだろう。それはいずれも河港に近接する土地であるという特徴であり、『先代旧事本紀』天神本紀には注目すべき伝承が記載されているので、それをいま引用する。

船長同共率領梶取等天降供奉
船長跡部首等祖天津羽原
梶取阿刀造等祖大麻原
船子倭鍛師等祖天津真浦

笠縫等祖天津麻占
曽曽笠縫等祖天都赤麻良
為奈部等祖天都赤星

現代語訳：船長と同じく共に梶取らを率領いて天降りに供奉す
船長　跡部首らの祖アマツハハラ
梶取　阿刀造らの祖オホアサハラ
船子　倭鍛師らの祖アマツマウラ
　　　笠縫らの祖アマツマウラ
　　　曽曽笠縫らの祖アマツアカマラ
　　　為奈部らの祖アマツアカホシ

右に記されている船長以下の人々は物部の伴部を構成した氏族の者たちで、物部氏の始祖饒速日命が天磐船に乗って河内国河上哮峯、次いで大倭国鳥見白庭山に天降った時に供奉した族祖の神人たちであった。彼らは船長・梶取・船子に組織された水運を象徴する集団である。これは鳥見山に天降った物部族祖饒速日命に随従奉仕したことを表現した神話であると同時に、その集団が日常的に船舶をあやつり、難波大津・河内と大和を結ぶ河川交通と瀬戸内海の水運に従事していたことを物語っていると考えられ、集団の主軸をなす氏族が船長の跡部首・梶取の阿刀造であることは、阿刀氏が舟運の全般を掌る役割を果たしていた事情を反映するものといえる。畿内とりわけ河内・大和の阿刀氏が大和川水系の各地に居所・拠点を置いていたのは、彼らの職掌の中心が水運にあったことを示すものと言える。そして大和川・初瀬川水系の起終点が城上郡上市郷に所在したと考えられるのである。

ここで『日本書紀』雄略七年是歳条の末尾の部分を引用してみよう。関係する伝記は長文にわたり、また内容の面から単純に雄略朝の出来事と判断することが憚られるので、必要最小限の範囲で記事を引用する。朝鮮半島に派遣された吉備臣弟君が何らかのトラブルに巻き込まれて現地で没したため、海部直赤尾・日鷹吉士堅磐固安銭らが百済の手末才伎（新漢人）を引率して帰国したという筋書きで、その続きが次のように記されている。

遂に即ち倭国の吾礪の広津 広津、此をば比慮岐頭と云ふ。邑に安置らしむ。病みて死る者、衆し。是に由りて、天皇、大伴大連室屋に詔して、東漢直掬に命せて、新漢陶部高貴・鞍部堅貴・画部因斯羅我・錦部定安那錦・譯語卯安那等を、上桃原・下桃原・真神原の三所に遷し居らしむ。

現代語訳：渡来人たちを倭国の吾礪の広津（ヒロキツ）邑に安置した。しかし、病死する者が多数でたので、天皇は大伴大連室屋に命じ、東漢直掬に差配させて、新漢陶部高貴・鞍部堅貴・画部因斯羅我・錦部定安那錦・譯語卯安那らを、飛鳥の上桃原・下桃原・真神原の三カ所に移住させた。

一般的に渡来した外国人は畿内のいずれかの港津で上陸し、その後決められた各地の定住地に移動した。右の事例の場合は百済系の新漢人（手末才伎）の集団が「倭国の吾礪の広津邑」に安置されたが、病死する者が多く出たので大伴大連・東漢直らの差配により飛鳥の三所に移遷させたという。

筆者が問題にしたいのは、渡来人が最初に安置されたと伝える「吾礪の広津邑」であり、それがどこなのかということである。従来の通説は先ほど指摘した河内国渋川郡の跡部郷であるとみており、多くの研究者の間で定説ともなっているのであるが、筆者はこの「広津邑」を大和国城上郡に所在したと想定したい。なぜなら、前掲の伝記の「倭国の吾礪」とある部分を広い意味での日本と解釈することは間違いで、掲示した第4表からも明らかなように、書紀の「倭」「倭国」「大倭国」などの用例は例外なく大和国を指しているからである。この「吾礪の広津邑」は大和国内のどこかにあった阿刀地名とみなしてよく、筆者は城上郡の阿刀が妥当であると考える。なぜならば、再三にわたって説明してきたようにそこは宮都の中心的なエリアで、王権は最新の渡来系技術者集団を直接的に掌握しようとしたに相違ないからである。

「広津」について分註は「ヒロキツ」と訓読するよう指示している。河港と河港を利用・管理する集落があったことを意味するであろう。しかも興味深いことに「広津」を名にもつ氏族が存在しているので、次には『新撰姓氏録』からそれを拾い出して掲示してみよう。

a　広来津公〈大和国皇別〉下養公同祖。豊城入彦命四世孫大荒田別命之後也。

b　広来津公〈河内国皇別〉上毛野朝臣同祖。豊城入彦命之後也。三世孫赤麻里、依家地名負尋来津君者。

第4表　『日本書紀』にみえる「倭」「倭国」「大倭国」

年　紀	関　連　記　事
安寧元年10月	倭桃花鳥田丘上陵
崇神6年	倭笠縫邑
崇神7年2月	我是倭国域内所居神、名為大物主神
景行40年是歳	倭琴弾原
仲哀即位前紀	倭国狭城盾列陵
仲哀8年正月	挾抄者倭国菟田人伊賀彦
雄略7年是歳	遂即安置於倭国吾礪広津邑。而病死者衆
仁賢6年是歳	大倭国山辺郡額田邑熟皮高麗
安閑元年正月	遷都于大倭国勾金橋、因為宮号
宣化4年11月	葬天皇于大倭国身狭桃花鳥坂上陵
欽明元年2月	百済人己知部投化。置倭国添上郡山村
欽明元年7月	遷都倭国磯城郡磯城嶋
欽明7年7月	倭国今来郡
欽明17年10月	遣蘇我大臣稲目宿禰等於倭国高市郡、置韓人大身狭屯倉
推古15年是歳冬	於倭国、作高市池・藤原池・肩岡池・菅原池
孝徳大化元年8月	倭国六縣
孝徳大化2年3月	涯田臣之過者、在於倭国、被偸官刀
孝徳大化5年3月	自茅渟道、逃向於倭国境
孝徳白雉4年是歳	太子奏請曰、欲冀遷于倭都。天皇不許焉
孝徳白雉5年正月	鼠向倭都而遷
天智6年8月	皇太子幸倭京
天智6年11月是月	倭国高安城
天武元年5月是月	或有人奏曰、自近江京、至于倭京、處々置候
天武元年6月	大伴連馬来田・吹負、並見時否、以称病退於倭家

c　尋来津首〈右京未定雑姓〉神饒速日命六世孫伊香我色雄命之後也。

現代語訳

a　広来津公（大和国皇別）下養公と同じ先祖。豊城入彦命の四世の子孫、大荒田別命の後裔である。

b　広来津公（河内国皇別）上毛野朝臣と同じ祖先。豊城入彦命の後裔である。三世の子孫の赤麻里は、家地の名により尋来津君を負うことになった。

c　尋来津首（右京未定雑姓）神饒速日命の六世の子孫、伊香我色雄命の後裔である。

bの氏族に関しては『続日本紀』天平宝字七年九月二十一日条に具体例があり、「河内国丹比郡の人尋来津公関麻呂は母を殺すに坐して、出羽国の小勝の柵戸に配す」とある。丹比郡には「広津」を形成したような河川がなく、おそらくは渋川郡の阿刀広津から移住していたのであろう。「広津＝広来津」という氏名はbに「家地名に依り負ふ」とあるので、「広津」が地名であることは間違いない。また「広来津」を名乗る氏族が大和と河内に分居していたこともわかる。したがって「広津（邑）」が両方の地にあったとしてもおかしくはないであろう。cの具体例には「物部尋来津橘首」（『中臣氏系図』所引延喜本系）なる氏族名があり、「橘」は八尾市龍華町の地名として遺存しており、跡部郷に含まれる地であるから、河内在住の氏族と言えよう。aとbの氏族は物部系ではなく豊城入彦命の後裔を称している。しかし、両氏ももとはcと同じく物部の同系氏族で、氏祖の系譜を神別から皇別に転換仮冒したもので、おそらくその目的は首姓から公姓への格上げを企図したものと考えられる。

広来津首の職務に関しては、氏の名のとおり居住地である「広津」そのものの管理がまず想定される。そのほかに船舶の管理や港津を出入りする人・物の流通の監視などが挙げられ、さらに、『先代旧事本紀』天神本紀に「天物部等二十五部人、同帯兵仗天降供奉」とする諸氏族を列挙したなかに「尋津物部」が含まれており、この伴部は広来津首の差配下にあって警獄の職掌にも従事したことが推定されるであろう。

このように考えると、先に指摘した推古十八年十月条にみえる「阿斗河辺館」の所在地に関しても、通説になっている城下郡坂手の阿斗ではなく、城上郡の阿斗と想定するほうが妥当なのではないかと思われてくるのである。なぜかと言うと、これより二年前の推古十六年八月に隋の使節裴世清がやはり同じ城上郡の阿斗広来津から上陸し小墾田宮での儀礼に臨んでいたからである。書紀には「唐の客、京に入る。是の日に、飾騎七十五匹を遣して、唐の客を海柘榴市の術に迎ふ。額田部連比羅夫、以て禮の辞を告す」とあり、使節が海柘榴市衢で掌客使の盛大な出迎えを受けたということは、一行の揚陸地が城上郡上市郷の阿斗であり、裴世清らは難波大津から大和川・初瀬川水系を船で導かれたことは確かで、さらに海柘榴市衢での郊迎の後に彼らが滞在した客館が右に指摘した「阿斗河辺館」だと解釈することが可能になるだろう。「阿斗河辺館」は初瀬川に開けた港津阿斗広来津に臨む地に造営されていた迎賓館と推察されるのである。

三　渋河家と阿都家

物部大連の大和における主要な活動拠点がどこにいかなる形で存在していたのかを明らかにするために、さまざまな史料を駆使しながら検討を進めてきたが、いよいよここでその結論を述べるべき時がきたと思う。そこで、以下には『日本書紀』の関連記述の現代語訳を載せながら筆者の見解を披露してみたい。まずは『日本書紀』用明二年四月条にある次の文章を読んでみよう。

是に、皇弟皇子、穴穂部皇子、即ち天皇の庶弟なり。豊国法師を引て、内裏に入る。物部守屋大連、邪睨みて大きに怒る。是の時に、押坂部史毛屎、急て来て、密に大連に語りて曰はく、「今群臣、卿を図る。復将に路を断ちてむ」といふ。大連聞きて、即ち阿都に退きて、阿都は大連の別業の在る所の地の名なり。人を集聚む。

現代語訳：皇弟皇子（穴穂部皇子を指し、用明天皇の異腹の弟）が豊国法師を内裏内に引き入れた。物部守屋大連は皇子を睨みつけ激怒した。ちょうどその時、押坂部史毛屎が慌ててやって来て、大連に耳打ちし、「群臣らがあなた様を狙っております。帰り道が危ういと存じます」と告げた。そこで大連は阿都（大連の別業の所在地である）に退却し人を集めることにした。

用明二年四月初めに天皇は磐余の河上に赴き祭儀を行うが、それがもとで重い病気に罹り、天皇が仏教への帰依を求めたため群臣を集めての会議が開催された。ところが突如として穴穂部皇子が豊国法師なる謎の人物を内裏のなかに引き入れるというハプニングが起きた。これを見ていた物部大連守屋は皇子を睨みつけその行為に激怒したという。なぜなら、守屋は次期皇位の候補に穴穂部皇子を推していたからであり、その皇子がこともあろうに守屋に相談することもなく突飛な行動に出たからである。そうしているうちに、守屋の従者であった押坂部史毛屎がかけつけて来て、群臣らの不穏な動きがあるという緊急事態を告げたので、守屋は直ちに内裏を出て「阿都」に退き、人を集めたとする。分註によると「阿都」は大連の別業の所在する地名であると記されている。

右の「阿都」について、これまでの通説は河内国渋川郡跡部郷の地であるとしてきた。栗田寛は一九〇一年に刊行した『栗里先生雑著』第六巻（吉川弘文館）「物部氏纂記」において、「渋河は和名抄に河内国渋河郡にて大連の別業なる阿都の地なり、阿都は同郡跡部郷是なるべし」と註しており、岩波日本古典文学大系『日本書紀』下（一九六五年）一五八頁頭註二〇も「河内国渋川郡跡部郷の地」と解説していて、これまでこうした見解が疑われたこともなく通説の根拠になっているようであるが、筆者はこの「阿都」は河内の「阿都」ではなく大和の「阿都」とみることができると考えている。通説をとると大連守屋は内裏を出た後直ちに河内の本貫に逃げだしたかのような印象を受けるが、そうではなく大和の「阿都」に留まって形勢をうかがい味方を集めるという行動を起こしたとみるべきであろう。分註には「阿都」は別業の所在地であると記すが、河内の本貫には後で述べるように本宅があるのに別業を設けているというのもおかしな話であり、しかも右の話にはさらに続きがあることを考慮に入れる必要がある。

中臣勝海連、家に衆を集へて、大連を随助く。遂に太子彦人皇子の像と竹田皇子の像とを作りて厭ふ。俄ありて事の済り難からむことを知りて、帰りて彦人皇子に水脈宮に付く。舎人迹見赤檮、勝海連の彦人皇子の所より退くを伺ひて、刀を抜きて殺しつ。大連、阿都の家より、物部八坂・大市造小坂・漆部造兄を使して、馬子大臣に謂らしめて曰はく、「吾、群臣我を謀ると聞けり。我、故に退く」といふ。馬子大臣、乃ち土師八嶋連を大伴毗羅夫連の所に使して、具に大連の語を述べしむ。是に由りて、毗羅夫連、手に弓箭・皮楯を執りて、槻曲の家に就きて、昼夜離らず、大臣を守護る。槻曲の家は、大臣の家なり。

現代語訳：中臣勝海連は、自宅に人を集め大連に呼応し、太子彦人皇子と竹田皇子の像を造って呪詛をした。だが、にわかに事がうまく運ばないことを知って彦人皇子の水脈宮に赴いたのである。これをうかがっていた舎人の迹見赤檮は勝海連が宮から出て来たところを殺してしまう。一方、大連は阿都家から物部八坂・大市造小坂・漆部造兄の三人を使者に立て、蘇我馬子大臣に「私は群臣の謀議を耳にしたために内裏を退いた」との弁明を告げさせた。馬子大臣は土師八嶋連を大伴毗羅夫連のもとに派遣し、大連の言葉を伝えさせた。毗羅夫連はこのことを知って弓箭・皮楯を携行し、槻曲家に行って昼夜にわたり馬子大臣の身辺を警護した。

物部大連守屋と行動を共にしてきた中臣勝海連も、その家に人衆を集め守屋に味方をしようと動いた。守屋は以前から穴穂部皇子を天皇に推挙しようとしていたので、勝海はそれに同調して有力な後継候補である彦人大兄皇子と竹田皇子とを呪詛したのである。だが後で述べるように、翌五月になると穴穂部皇子を守屋が見かぎったためにわかに考えを変え彦人大兄皇子の水脈宮に赴くという混乱した動きをとったのである。しかし、皇子の舎人であった迹見赤檮は勝海の変節ぶりを憎んで水脈宮から出てきたところを殺害したという。もし守屋が河内に退去していたならば、勝海はこうした大胆な行動をとることができたであろうか。疑わしいと言わなければならず、守屋はなお大和の「阿都の家」にいたとみなすべきである。

右の文章では「阿都の家」と明記されている。守屋はこの家に集まっていた従者らのうち「物部八坂・大市造小坂・漆部造兄」の三人を蘇我大臣馬子の家に派遣して、自分が内裏を退いた理由を弁明した。使者となった三人のうち大市造小坂は大和国城上郡大市郷に本居を置く豪族とみられ、漆部造兄も宇陀郡漆部郷の豪族であろう。そうするとやはり「阿都の家」は河内ではなく大和のしかも城上郡上市郷にあったとみるべきであろう。

一方、守屋の動勢を知った馬子は大伴連毗羅夫に大連の弁明を伝え、それを聞いた毗羅夫は兵器を帯びて大臣の槻曲の家を護衛したとする。この家は蘇我稲目の時代に「軽曲殿」（欽明紀二十三年八月条）と呼ばれた殿屋を含む大臣家の中枢居館とみなすことができ、馬子はそれを引き継いでいたと推測され、そうすると「阿都の家」と「槻曲の家」とが軍事的に対峙する形勢となったことがわかる。おそらく両「家」は物部と蘇我の双方にとっては単なる居館・第宅なのではなく、王権に奉仕する氏族としてのあり方を象徴する本質的で最も重要な政治的施設、すなわち「大家（オホヤケ）」であったと規定できるのではなかろうか。「大家・大宅」の実体について吉田孝は、垣をめぐらし門を備えた一区画の施設で、内部に屋や倉など在地首長の共同体的な生産の拠点たる機能・実質を有した施設だと考えたが、「大家」あるいは「大宅」という語の意味については次の史料がその本義を探るのに有効である。

右京の人前長門守従五位下石川朝臣木村、散位正六位上箭口朝臣岑業、石川箭口を改め、並びに姓宗岳朝臣を賜ふ。木村が言すに、始祖の大臣武内宿禰の男宗我石川は、河内国の石川別業に生まる。故、石川を以て名と為し、宗我の大家を賜り居と為し、因りて姓宗我宿禰を賜わる。浄御原天皇の十三年に姓朝臣を賜り、先祖の名を以て、子孫の姓と為す。

（『三代実録』元慶元年十二月二十七日条）

現代語訳：右京の住人で前長門守従五位下石川朝臣木村と散位正六位上箭口朝臣岑業は、それぞれ石川と箭口の姓を改め、宗岳朝臣を賜った。木村が言うには、われらの始祖である大臣武内宿禰の男子宗我石川は河内国の石川別業に生を享けたので、宗我の大家を天皇から賜り居所とし、それを根拠に宗我宿禰を名乗ってきた。天武天皇の十三年に朝臣姓を賜わり、先祖の名を子孫の姓としたのである。

乙巳の変で蘇我大臣家が滅ぼされたのちに、傍系の石川氏が蘇我の系譜を受け継いだことは周知のことであろう。しかし、石川氏も平安時代に入ると衰退し、かつての栄光を取り戻す方策を模索し、宗我の氏姓に復帰することを望んだのである。その際に過去を回想して宗我石川氏は始祖武内宿禰の男子であったこと、彼らの本貫たる「石川別業」が石川姓の起源であること、この第宅こそが「宗我の大家」であったので「宗我宿禰」を賜ったと述べているのである。

本宗家・分家にかかわらず古代の氏族にとっての「大家（オホヤケ）」とは、王権に奉仕するための拠点の第宅を居地とし、それを同時に氏姓の起源として天皇から公式に認定されるという手続きを踏んだ施設なのであった。しかも、蘇我・物部など最高執政官の「大家」は統属下の全機構を統括する政務や儀礼の場を備えた政治的経済的共治組織ともいうべき施設であったから、緊急事態にあってここを自ら放棄することは氏族としての正統性や機能を喪失することにつながったと考えられる。物部守屋が「阿都の家」に帰宅したというのはそのような意味によるとしなければならない。「阿都の家」は文字通り「物部（モノノフ）の大家（オホヤケ）」と規定できる重要施設だったとみることができ、この家はおそらく祖父麁鹿火の時代から継承されてきた大連三代の中枢拠点であったと考えられるのである。

翌五月、書紀によれば「物部大連が軍衆、三度驚駭む」とあり、さらに穴穂部皇子に淡路への狩猟をひそかに持ちかけたという。こうした守屋の動きを察知した蘇我馬子は翌六月初旬に穴穂部皇子とその仲間である宅部皇子を暗殺し、次いで守屋討伐を決行したのである。七月に蘇我大臣馬子の率いる朝廷軍が河内に向かった。おそらく守屋は穴穂部皇子が暗殺された六月初旬の時点で河内国の本貫にあった「渋河の家」に落ちのびたのであろう。戦いの様子は『日本書紀』崇峻即位前紀七月条に記されている。

蘇我馬子宿禰大臣、諸皇子と群臣とに勧めて、物部守屋大連を滅さむことを謀る。泊瀬部皇子・竹田皇子・厩戸皇子・難波皇子・春日皇子・蘇我馬子宿禰大臣・紀男麻呂宿禰・巨勢臣比良夫・膳臣賀拕夫・葛城臣烏那羅、倶に軍旅を率て、進みて大連を討つ。大伴連嚙・阿倍臣人・平群臣神手・坂本臣糠手・春日臣 名字を闕せり。倶に軍兵を率て、志紀郡より渋河の家に到る。大連、親ら子弟と奴軍とを率て、稲城を築きて戦ふ。是に、大連、衣摺の朴の枝間に昇りて、臨み射ること雨の如し。其の軍、強く盛にして、家に塡ち野に溢れたり。皇子等の軍と群臣の衆と、怯弱くして恐怖りて、三廻却還く。

現代語訳：蘇我馬子宿禰大臣は皇子らと群臣に呼びかけ、物部守屋大連を滅ぼす策謀をめぐらした。泊瀬部・竹田・厩戸・難波・春日などの皇子らと、蘇我馬子・紀男麻呂・巨勢比良夫・膳賀拕夫・葛城烏那羅が共に軍を率いて大連の討伐に向かった。大伴嚙・阿倍人・平群神手・坂本糠手・春日某らは共に軍を率いて河内の志紀郡を経て渋河の家をめざした。大連は子弟と奴軍を引率し、邸宅の周囲に稲城を構築して戦いにのぞんだ。大連は衣摺に聳えていた朴の大木の枝の間によじ登り散々に矢を射かけた。家や野に抗戦軍があふれかえっていたので、朝廷軍は戦う意欲を失い恐ろしさのあまり退却を三度も余儀なくされた。

朝廷軍の一隊が「志紀郡より渋河の家」に到るとあるのは、前にも指摘したように志紀郡長野郷に物部氏の重要拠点の一つ餌香長野邑があったからであろう。当地は単なる交通上の要地であるのみならず、物部大連の同族や同系氏族の居住地であり、また囚獄関連施設も存在したと考えられるので、朝廷軍はまずここを抑える必要があったのである。書紀には「河内国司言さく、『餌香川原に、斬されたる人有り。計ふるに将に数百なり。頭身既に爛れて、姓字知り難し。但衣の色を以て、身を収め取る』（下略）」という記述があり、激戦が交わされた蓋然性が高い。次いで大和川沿いに渋川郡の「渋河の家」を攻撃したのであろう。

近年の発掘調査によると、八尾市の久宝寺遺跡（八尾市南久宝寺三丁目）第六十八次・八十二次の調査で六世紀中葉から後半にかけての大型掘立柱建物群の存在が明らかになり、物部大連の居館ではないかと言われている。遺構の所在地は旧渋川郡域に属し、東に渋川町が隣接し、七世紀前半に建立された渋川廃寺（宝積寺）跡がある。居館域の西側を久宝寺分流路と名づけられた河川が北流していたらしく、付近は旧大和川本流の長瀬川・平野川の右岸に沿う地域でもあり、水運の拠点でもあったようで、北へ二キロほど進むと、守屋最期の奮戦地と伝えられる衣摺（東大阪市衣摺）に至る。

発掘によって判明した十棟に及ぶ建物群の主軸はすべて生駒山頂を望む北東方向に向けており、なかでも遺跡の中心を占める二間×七間規模の大型建物は居館の中枢施設であった可能性が高いとされている。遺構は六世紀後半に廃絶したとみられており、渋川郡域一帯に設置されていた物部大連または阿刀連ら有力氏族に関係する居館の一つだったと推測される。調査報告書がまだ刊行されていないため詳細はわからないが、当該建物群は火をかけられた痕跡がないようなので、書紀に記す「渋河の家」とは異なる施設だったと思われる。朝廷軍が最大の攻撃目標とした「渋河の家」という居館はおそらくこの久宝寺遺跡ではなく渋川郡北中部地域に所在したと推定され、まさしく守屋最期の地となった衣摺あるいはその近辺の地とみるのが妥当であり、そのように推定する理由についてはのちほど論じることにしたい。

書紀は前掲の文章に続けて厩戸皇子と蘇我馬子の三宝誓願のことを記す。今はそれらの記事を省いて守屋の最期の場面と戦後処理の記述を引用しておきたい。

爰に迹見首赤檮有りて、大連を枝の下に射堕して、大連幷て其の子等を誅す。是に由りて、大連の軍、忽然に自づからに敗れぬ。軍合りて悉に皁衣を被て、廣瀬の勾原に馳猟して散れぬ。是の役に、大連の児息と眷属と、或いは葦原に逃げ匿れて、姓を改め名を換ふる者有り。或いは逃げ亡せて向にけむ所を知らざる者有り。時の人、相謂りて曰はく、「蘇我大臣の妻は、是物部守屋大連の妹なり。大臣、妄に妻の計を用ゐて、大連を殺せり」といふ。乱を平めて後に、摂津国にして、四天王寺を造る。大連の奴の半と宅とを分けて、大寺の奴・田荘とす。田一万頃を以て、迹見首赤檮に賜ふ。蘇我大臣、亦本願の依に、飛鳥の地にして、法興寺を起つ。

現代語訳：ここに迹見首赤檮がいたが、大連を枝から下に射落とし、大連と子息らを殺害した。これにより大連の軍は突然総崩れとなり、兵士らは黒服に着かえ広大な水草の生い茂る原を狩猟する体になって散り散りに逃げた。この戦争で大連の子息や親戚の者は葦原に逃げ隠れ、氏や姓名を変えたり、逃がれて行方不明になった者がいる。当時の風評では、「蘇我大臣の妻は物部守屋大連の妹で、大臣は妻の計略を利用して大連を殺したのだ」と言われた。乱が平定されて後摂津国に四天王寺が造営された。大連が所有していた奴婢の半数と宅地を分割して寺の奴婢・田荘とされた。また水田一万頃（シロ）は迹見首赤檮に賜った。蘇我大臣は戦勝祈願のお礼に飛鳥の法興寺を建設した。

不思議なことに守屋軍の規模・構成などは判然としない。先ほどの記事には「大連、親ら子弟と奴軍を率て」とあり、右の記事では「大連の児息と眷属」という表現がみえ、餌香川原の斬殺死体が「数百」、さらに「難波の宅」の守護のために派遣された大連の資人捕鳥部萬が「一百人」を率いていたという伝えからすると、守屋軍は意外にも相当な劣勢を余儀なくされていたかも知れず、大連家のすべての成員が参戦したとも限らないように思われるのである。守屋自身が巨大な朴の枝間から弓を射て奮戦したことを特筆しているのも兵員の少なさを暗示しているようであり、時人の噂である「大臣、妄に妻の計を用ゐて、大連を殺せり」とあるように、物部大連家は蘇我馬子の謀略によって一族の内部に対立を起こしていた可能性があるようにも思われる。ことの詳細については後章において改めて述べることにしたい。

乱後の処分に関し右の記事には「大連の奴の半分と宅とを分けて、大寺の奴・田荘とす」とあり、これらは厩戸皇子の創建とされる四天王寺に施入された。『四天王寺御手印縁起』によると、「守屋の子孫従類二百七十三人を寺の永奴婢と為す。没官の所領田園十八萬六千八百九十代を、寺の永財と定め畢んぬ」とあり、田園の内訳は河内国の弓削・鞍作・祖父間・衣摺・蛇草・足代・御立・葦原などの九カ所十二万八千六百四十代と、摂津国の於勢・摸江・鵄田・熊凝など四カ所に散在する土地五万八千二百五十代で、その他に「居宅参箇所幷びに資財等」であると記すので、守屋の河内・摂津における居宅は三カ所であったらしいことがわかる。守屋はしばしば物部弓削大連と呼ばれていたので、居宅三カ所とは渋川郡南東部の「弓削家」・同郡北中部の「渋河家」・摂津国東生郡の「難波宅」であったと推定され、大連がその政治的地位に基づいて領有した大和国城上郡の「阿都家」に関しては、全資財を没官した上で破毀された可能性が高いであろう。

第5表は『四天王寺御手印縁起』の記述に基づき守屋大連の所領の所在地とその内訳をまとめたもので、第4図は表の記載事項を基に渋川郡の条里地割を服部昌之の研究成果に導かれつつ試論的に復原した地図である。河内国の条里は郡ごとに設置基準が異なり、また渋川郡条里の里界線は大阪平野全体の地形の制約をうけ北から西に約二度偏していたらしいので注意する必要があるが、現代に遺存する古代地名との整合性などを勘案すると、復原図との間にはあまり大きな齟齬を認めることはできない。そして、おそらく渋川郡では郡域南東端を起点として北と西の方向へ条里区画が設定されていたようである。

注目される点の一つは、二条水走里・三条墓廻里が「弓削地」とあることで、八尾市南西域の久宝寺町・跡部町・亀井町付近に、大連守屋の通称とされる「弓削家」の由来となったさまざまな施設や弓箭製作に関わる集団の村落が所在した可能性を示している。御手印縁起に「守屋子孫従類二百七十二人」の居住地として「弓削五村居家」とあり、守屋大連の居館「弓削家」を中核とする広範な集落の存在を想定させる。渋川郡東隣の若江郡には弓削郷や弓削神社があり、物部弓削連の本貫と推定できるが、渋川郡にも大連の姻族である弓削連や他の有力諸氏族が集住していたように考えられる。

次に、守屋の所領は一部が河内国若江郡（葦原地）・安宿郡（祖父間地）・大縣郡などにあり、摂津国に

第5表　『四天王寺御手印縁起』所載大連守屋没官所領田園

186890代（律令田制の約374町）　1町＝500代
河内：弓削・鞍作・祖父間・衣摺・蛇草・足代・御立・葦原　128640代（257町）
摂津：於瀬・摸江・鶴（鵄）田・熊凝　58250代（117町）
居宅参箇所并資財等
守屋子孫従類　273（2）人　弓削五村居家　男160人　女112人
●河内国田地128640代（257町）

所在地	田地総計	所在郡	条里名・坪数	田地内訳
弓削地	9430代	渋川郡	2条水走里16箇坪 3条墓廻里7箇坪	7040代 2390代
鞍作地	4692代	同　郡	3条利苅里 宮田里3箇坪 4条雙六里 長瀬里16箇坪	140代 705代 147代 1700代
祖父間地	8540代	安宿郡	5条菱沼里80箇坪	
衣摺地	40950代	渋川郡	6条栢田里12箇坪 歌別里36箇坪 古美里19箇坪 7条野田里3箇坪 衣摺里9箇坪 上村里5箇坪	5200代 18000代 9500代 1250代 4500代 4500代
蛇草地	24000代	同　郡	8条宅良里36箇坪 同里外12箇坪	18000代 6000代
足代地	23768代	同　郡	8条梓里36箇坪 同里外12箇坪	17768代 6000代
御立地	6110代	同　郡	9条御立里18箇坪 同里外3箇坪	5070代 1050代
葦原地	11150代	若江郡	8条水走里4箇坪 神巻里15箇坪 枚背里5箇坪	1400代 5800代 250代
		大縣郡	薦間里4箇坪 麻生里	1800代 220代

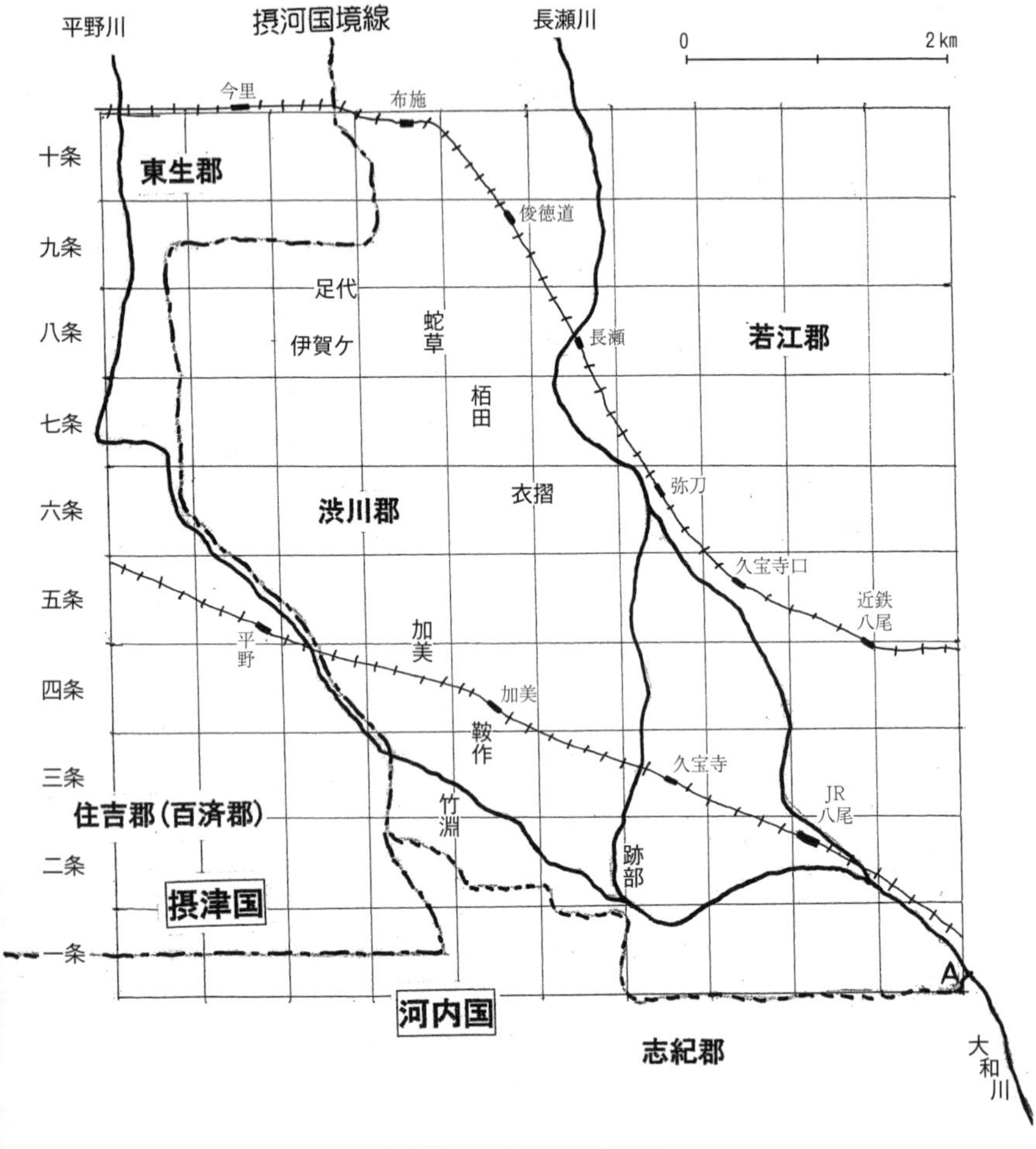

第４図　河内国渋川郡条里

渋川郡は摂河国境線の東側、長瀬川左岸の地域を占める。地図右下端のＡが渋川郡条里の起点と推定される。郡外の条里区画は無視されたい。

も四カ所にかなりの面積の田地が広がっていたようであるが、河内国内だけでいえば全面積の約六九パーセントが第5表にゴシック体で記載してある衣摺（六条・七条）・蛇草（八条）・足代（八条）の三カ所に集中しており、渋川郡北中部地域が守屋大連の経済基盤の中枢であったとみなすことができそうである。衣摺（東大阪市衣摺町）は先ほどみた守屋大連の最期の場所と伝えられる地で、『日本書紀』に「渋河家」と記される守屋の居館は、通説にいう若江郡の式内社渋川神社（八尾市植松町三丁目・旧社地は八尾市安中町六丁目付近）の付近ではなく、渋川郡北中部地域のいずれかに所在した可能性があるのではなかろうか。

そうした観点からすると、蛇草地に含まれる「宅良（ヤカラ）里」の存在に留意される。というのは、近世から昭和戦後期にかけて大阪市生野区巽東一丁目付近に「矢柄（ヤガラ）村」があり、宅良里の遺称地とみられるだけではなく、矢柄村の南に隣接する形で「伊賀ケ村」（生野区巽東一丁目・二丁目）が所在した。「伊賀ケ」は「イカガ」と読まれてきた地名であり、物部氏の遠祖伊香色雄（イカガシコヲ）の起源をなす重要な古代地名であると推察される。イカガシコヲについては次章で改めて論じるが、物部大連家の発祥地が渋川郡北中部の地域にあったらしいことを暗示している。

以上に縷述してきた物部氏に関連ある諸施設の分布を地図上に総括してまとめたものが前章に掲載した第3図である。大和・河内・難波を直結する大和川とその分流が物部大連の活動にとって主要な幹線であったことが、これでよく理解できるであろう。

第五章　物部氏の祖先伝承

一　饒速日命の降臨神話

古代のどの氏族にも氏の始祖とされる神や人がおり、その神・人にまつわる伝承があった。これを始祖伝承と名づけておくことにするが、物部氏の始祖伝承の代表的な主人公と言えば饒速日命と称する神である。『古事記』は邇芸速日命とし、『日本書紀』には饒速日命とあり、その他に櫛玉饒速日命や天照国照彦天火明櫛玉饒速日尊・膽杵磯丹杵穂命などという称号もあって使用された漢字は読みづらいので、本書では史料を引用する場合をのぞき、以下この神の名をカタカナで「ニギハヤヒ」と書き記すことにする。また、それ以外の神や人の名でも理解に便利なようにカタカナで表記することがあるので、あらかじめご諒解いただきたい。

ところで、ニギハヤヒは一体どこで生まれた神なのであろうか。物部氏なかんずく物部大連家が奉祀した氏祖の神とされているので、河内国渋川郡を本貫とした大連家は前章でも問題にした「渋河の家」周辺のどこかにこの神を奉祀する聖地を確保していたと推定されるのであるが、実のところそのような施設があったと想定される場所は渋川郡には存在しないのである。『延喜式』神名帳・河内国若江郡の項に渋川神社二座（八尾市植松町）が登載されており、渋川郡名を負っていることから当社が大連家の始祖神を祀る聖地だった可能性が考えられるが、ニギハヤヒの降臨聖地としての伝承が当社や渋川・若江両郡などに存在しないことが最も気にかかる。むしろニギハヤヒを祀る聖地は大和国城上郡の鳥見山にあったらしいのであるが、物部大連守屋の滅亡事件の結果それは廃滅した可能性が高いようである。この問題を考える手がかりの一つとして『先代旧事本紀』にはニギハヤヒの降臨に関わる次のような記述があるので検討してみよう。

饒速日尊、天つ神の御祖の詔を稟けて、天の磐船に乗りて、河内国の河上の哮峯に天降り坐し、則ち大倭国の鳥見の白庭の山に遷り坐す。所謂天の磐船に乗りて、大虚空を翔り行き、是の郷を巡り睨て、天降り坐す。即ち虚空見つ日本国と謂たまふ。

（『先代旧事本紀』天神本紀）

現代語訳：ニギハヤヒ尊は天つ神の御祖（天照大神・高皇産霊神）のご命令により、天の磐船に乗って河内国の川上に聳える哮峯に天降りした後、大和国の鳥見の白庭山に遷り鎮座した。天の磐船に乗って天空を飛翔し、下界の様子をめぐり観ながら天降りを果たしたということで、「そら見つやまとの国」という言葉の起源になっている。

天照太神・高皇産霊尊、相共に生まる所、故天孫と謂ひ、亦皇孫と称ふ。天祖、天璽の瑞宝十種を以て、饒速日尊に授けたまふ。則ち此の尊、天つ神の御祖の詔を稟けて、天の磐船に乗りて天降りて、河内国の河上の哮峯に坐す。則ち遷りて大倭国の鳥見の白庭山に坐す。天降りの儀天神の紀に明らけき。所謂天磐船に乗りて、大虚空に翔り行き、是の郷を睨て天降る。虚空見つ日本国と謂ふは是なり

（『先代旧事本紀』天孫本紀）

現代語訳：天照大神と高皇産霊神は天孫・皇孫と称され天皇の先祖であり、その尊い璽である瑞宝をニギハヤヒ尊に授けられた。それでニギハヤヒは天つ神の命令により天の磐船に乗って天降り、河内国の川上の哮峯に鎮座した。その後大和国の鳥見の白庭山に遷坐した。天降りの作法は天神本紀に明記してあるが、天の磐船に乗って天空を飛翔し、下界を観察しつつ天降ったので、「そら見つやまとの国」という語句の起源となっている。

右の伝承によると、ニギハヤヒは天つ神の命を受け天の磐船に乗って河内国の河上の哮峯に降臨し、後に大倭国の鳥見の白庭山に遷坐したと記す。この話は記・紀には掲載されていないもので、ニギハヤヒの最初の降臨地が河内国の河上の哮峯と伝えられていたことがわかる。河上の哮峯は高い山峯を意味する語とみなすべきであるから、物部大連家の本貫であった渋川郡にはそのような高峰はなく、むしろそこから東北方に直線距離でおよそ十五キロ隔てたところに屏風の如く聳え立つ生駒山頂（標高六四二メートル）

が河上の哮峯に該当するのではあるまいか。

『住吉大社神代記』膽駒神南備山本記にも「北限饒速日山」の記述がみえ、生駒神南備山を饒速日山とも称することがあったらしい。生駒山は中河内の平野部や難波の上町台地からよく眺望のきく山並みを形成し、山麓にはかつて日下江と呼ばれた広大な汽水湖があった。権勢を確立するにつれ、物部大連家はこの山に降臨すると伝えられた雷神を氏祖の神に措定するようになったと推測されるのである。神名の饒速日とは後述するように雷神・水神としての性格を有する神であると考えてよく、膽杵磯丹杵穂命という別名から稲作に関わる農業神でもあったとみなしてよい。

ニギハヤヒが登場する場面は『古事記』・『日本書紀』では神武天皇の東征伝承に限られるので、関連する文章の現代語訳を逐次掲載しながら解説を加えていくことにする。

さて、神武天皇は日本の皇統譜のうちでも初代天皇とされる王者である。神武天皇から始まる皇統譜のうち雄略天皇以前の天皇系譜についてはまだ学問的に未解明の領域で、考古学による研究成果に照らしても皇統譜の真相如何を最終的に云々できるような情況にはないが、天武朝以後の建国史の基本構想のなかで最終的に造作・架上された架空の天皇であると考えられる。もし仮に神武天皇が人としての血肉を備えた天皇だったとすると、物部氏の祖先神とされるニギハヤヒは同時に神ではなくなるが、『古事記』神武段には天皇もニギハヤヒもともに天降る神として描かれており、東征伝承は神話として解釈すべき話だと判断しなければなるまい。

東征伝承のあらすじを以下簡単に述べる。神武天皇は日向の高千穂宮から瀬戸内を経て、東方の大和へ進撃し、やがて浪速の渡から日下の蓼津に至ると、登美能那賀須泥毘古が皇軍を迎え撃った。天皇の兄五瀬命は深い矢傷がもとで紀伊の男水門で没するが、天皇は熊野方面に迂回して大和入りを果たそうとする。途中でさまざまな反逆者に遭遇するものの、それらを敗退させ撃破して遂に畝火の白檮原宮で天下を統治することとなり、その直前に起きた出来事が次の文章に要約されているのである。短い文章ではあるが、内容的には前段と後段の二つに区分できるであろう。

故爾に邇芸速日命参赴きて、天つ神の御子に白ししく、「天つ神の御子天降り坐しつと聞けり。故、追ひて参降り来つ」とまをして、即ち天津瑞を献りて仕へ奉りき。故、邇芸速日命、登美毘古が妹、登美夜毘売を娶して生める子、宇摩志麻遅命。此は物部連、穂積臣、婇臣の祖なり。

（『古事記』神武段）

現代語訳：そうするうちにニギハヤヒ命がやって来て、天つ神の御子に申しました。「天つ神の御子が天降りなさったと聞き、後から追いかけ天降りをいたしました」と。そして天つ神の瑞を御子に献上してお仕えすることになりました。ニギハヤヒ命はトミヒコの妹のトミヤヒメと結婚し、生まれた子をウマシマヂ命と申し、物部連・穂積臣・采女臣の祖先となります。

まずは前段から。天皇のことは「天つ神の御子」とあり、「天降り坐しつ」と記している。高天原に起源を有する天つ神の子孫が地上へ降ったことを述べているのである。これを天孫降臨と称する。だが、天つ神の御子が日向から船団を率い大和へやって来たという筋書きは水平移動つまり水平来臨であり、そのことを「天降り」と書くのは一見すると矛盾である。だが、神話に現実世界との整合性を求めようとするのは誤りであって、日向を天つ神の世界とすると天皇に抵抗する大和は地上の世界すなわち葦原中国とみなすことができ、矛盾は解消する。神武天皇は葦原中国を統治すべく「天つ神の御子」として天降りを行い、服従する者たちを味方につけ、抵抗する者たちを倒しつつ国土を奪い取ったのである。

では、東征の最終段階で起きたことは一体どのようなことだったのか。面白いのは、ニギハヤヒが天つ神の御子を「追ひて参降り来つ」とすること、さらに「天津瑞」を天皇に献上して仕奉したと記している点であろう。なぜかと言うと、この言説によるとニギハヤヒは天皇と同じく天降りをした神であり、しかも「天津瑞」と称する神宝を帯びた天皇とは同類の尊貴な神ということになるであろう。ただ、ニギハヤヒは天つ神の御子を「追ひて」すなわち後から遅れて降臨したという看過できない問題があり、さらに保持していた「天津瑞」を献上することによって天皇への奉仕を行う意思を明確にしており、なぜこのような記述になっているのかが問題であろう。ただ、そのことを考える前に後段を読んでみよう。

ニギハヤヒは降臨して後に登美毘古（トミヒコ）の妹登美夜毘売（トミヤヒメ）と結婚し、宇摩志麻遅命（ウマシマヂ）をもうけたとする。トミヒコは神武天皇が日下の蓼津に到った時の戦いで皇軍を迎撃し、あまつさえ五瀬命に致命傷を与えた登美能那賀須泥毘古（トミノナガスネヒコ）のことである。『古事記』はトミノナガスネヒコを「賤奴」という語句を用いて罵倒しており、ナガスネ（長い足の脛）という体貌の異形性を強調する名を付することで、天皇にとっては最大の仇敵・反逆者になったことを示している。にもかかわらずニギハヤヒはそのような天皇の仇敵と姻戚関係を結びウマシマヂという子をもうけたとし、ウマシマヂは物部・穂積・采女ら有力氏族の祖になったとする。穂積氏や采女氏が物部氏の同族という点については次節で詳しく述べることにしたい。

全体的な話の筋書きから推定すると、トミヒコは天皇の東征を妨害した最大の反逆者である。だが、トミヒコは天皇と戦火を交えたとする記述を欠き、ニギハヤヒと姻戚関係を結んだことになっているので、ウマシマヂが誕生した後にトミヒコがどうなったのかは記されていない。とどのつまりは天皇によって攻め滅ぼされたのではないと考えられるのである。またニギハヤヒ自身も天皇より遅れて降臨し、その後にトミヒコと関係を持ったことになっているので、大和入りをしようとする天皇に対して反逆者を後背から援助したことにはならないであろう。すなわち、『古事記』はトミヒコ・ニギハヤヒの両者を天皇に対する反逆者とはせず、むしろ東征の最終場面で天皇の即位と統治を支えた勢力として描いたのだと評しなければならず、おそらくそれは『古事記』編纂の主唱者たる天武天皇の意思でもあり、原話のストーリーは天武天皇の指示を受けて大きく変形されたのだと言うべきで、そのような筋書きのためか、『古事記』のトミヒコ・ニギハヤヒをめぐる行動や事績は精彩を欠いていて面白味に欠ける話に堕していることは否めないのである。

それでは、天つ神の御子神武天皇の東征とニギハヤヒの降臨を描いた当話は一体誰が何のために作ったものなのであろうか。実のところこの話には二つの国譲りのストーリーが重層していて、一つは神武天皇に対するニギハヤヒの国譲りであり、それは天津瑞の献上によって示され、もう一つは天つ神ニギハヤヒに対する国つ神トミヒコの国譲りであって、それは具体的にはニギハヤヒとトミヤヒメとの結婚によって示されている。前者は神武東征を演出し物部氏らの天皇への奉仕関係を記述するという大目的のために造作・潤色された話で、後者は物部氏自らの事情を踏まえて創作された原話であったとみることができる。

すなわち、物部氏らの始祖神で天つ神ニギハヤヒが登美の地に降臨し、当地の国つ神トミヒコ・トミヤヒメに入り婿となって姻戚関係を結び、ウマシマヂをもうけてニギハヤヒが登美の支配者になったというのが本来の独立した原話のストーリーであり、物部氏とその同族にとって登美がニギハヤヒの降臨の聖地であることを主張するための言説であったと考えられるのである。冒頭で引用した『先代旧事本紀』の神話は、ニギハヤヒが河内の高峰から大和の鳥見の白庭山に遷坐したことを記すが、その経緯と目的が神武東征伝承のなかに盛り込まれていたのである。

それでは次に『日本書紀』神武即位前紀にみえるストーリーを調べてみることにしよう。長文で煩雑ではあるが、『古事記』との相違点に注意を払いながら検討を進めることにしたい。

皇師遂に長髄彦を撃つ。連に戦ひて取勝つこと能はず。時に忽然にして天陰けて雨氷ふる。乃ち金色の霊しき鵄有りて、飛び来りて皇弓の弭に止れり。其の鵄光り曄煜きて、状流電の如し。是に由りて、長髄彦が軍卒、皆迷ひ眩えて、復力め戦はず。長髄は是邑の本の号なり。因りて亦以て人の名とす。皇軍の、鵄の瑞を得るに及りて、時人仍りて鵄邑と号く。今鳥見と云ふは、是訛れるなり。昔孔舎衛の戦に、五瀬命、矢に中りて薨りませり。天皇、銜ちたまひて、常に憤懟を懐きたまふ。此の役

に至りて、意に窮誅さむと欲す。乃ち御謡して曰はく、

みつみつし　来目の子等が　垣本に　粟生には　韮一本　其根が本　其ね芽繫ぎて　撃ちてし止まむ

又謡して曰はく、

みつみつし　来目の子等が　垣本に　植ゑし山椒　口疼く　我は忘れず　撃ちてし止まむ

因りて復兵を縦ちて急に攻めたまふ。凡て諸の御謡をば、皆来目歌と謂ふ。此は歌へる者を的取して名くるなり。

時に長髄彦、乃ち行人を遣して、天皇に言して曰さく、「嘗、天神の子有しまして、天磐船に乗りて、天より降り止でませり。号けて櫛玉饒速日命と曰す。是吾が妹三炊屋媛　亦の名は長髄媛、亦の名は鳥見屋媛。を娶りて、遂に児息有り。名をば可美真手命と曰す。故、吾、饒速日命を以て、君として奉へまつる。夫れ天神の子、豈両種有さむや。奈何ぞ更に天神の子と称りて、人の地を奪はむ。吾心に推るに、未必為信ならむ」とまうす。天皇の曰はく、「天神の子亦多にあり。汝が君とする所、是実に天神の子ならば、必ず表物有らむ。相示せよ」とのたまふ。長髄彦、即ち饒速日命の天羽羽矢一隻及び歩靫を取りて、天皇に示せ奉る。天皇、覧して曰はく、「事不虚なりけり」とのたまひて、還りて所御の天羽羽矢一隻及び歩靫を以て、長髄彦に賜示ふ。長髄彦、其の天表を見て、益踧踖ることを懐く。然れども凶器已に構へて、其の勢、中に休むこと得ず。而して猶迷へる図を守りて、復改へる意無し。饒速日命、本より天神慇懃したまはくは、唯天孫のみかといふことを知れり。且夫の長髄彦

の稟性愎佷りて、教ふるに天人の際を以てすべからざることを見て、乃ち殺しつ。其の衆を帥ゐて帰順ふ。天皇、素より饒速日命は、是天より降れりといふことを聞しめせり。而して今果して忠效を立つ。則ち褒めて寵みたまふ。此物部氏の遠祖なり。

現代語訳：天皇が率いる軍はとうとう長髄彦を攻撃した。だが、連戦するも勝利には至らなかった。その時、にわかに空が黒雲に覆われ冷たい雹が降り、金色に輝く鵄が飛来し皇軍の弓の頂にとまった。鵄はまぶしく光り輝き稲妻が走った。それで長髄彦の軍勢は恐れおののいて総崩れとなり、気力を失ってしまう。長髄というのは邑の本来の名で、それが人名に転化したのであり、皇軍が鵄の瑞祥を得た由来で、当時の人はその地を鵄邑と名づけたわけである。現在これを鳥見と呼ぶのは訛った読み方である。

かつて孔舎衛坂の戦いで五瀬命が矢に当り亡くなった。天皇はずっと気にしいずれ恨みを晴らしてやりたいと思っていた。今度の戦闘で絶対に報復してやると意気込むのだった。それで歌が口をついて出てきた。以下のような意味の歌である。

天皇の威勢を負う来目の兵士どもの家の垣根に生える粟生には、香りのきつい韮が一本ある。その韮の根元から抜きとるごとく、敵軍を撃ち破ってやろうじゃないか。

もう一つの歌は、以下のような意味である。

天皇の威勢を負う来目の兵士どもの家の垣根に植えた山椒は、口に入れるとひりひりするが、われらはその痛みを忘れず、敵軍を撃ち破ってやろうじゃないか。

そこで直ちに兵を動かし攻撃を加えた。これらの歌は来目歌というものだが、歌い手を指して来目歌と呼ぶのである。

その時、長髄彦は使者を立て天皇に質問をなげかけた。「昔、天神の子がいて、天の磐船に乗って天降りをした。その名を櫛玉饒速日命と申す。命はわが妹の三炊屋媛（別名は長髄媛とも鳥見屋媛ともいう）と結婚し、子どもをもうけている。その名を可美真手という。それで、われは饒速日命を君と仰いで仕えているのだ。天神の子が二人もいるというのもおかしなことで、偽って天神の子と称しそれがしの土地を奪うつもりなのか。推量するに偽りを申しているのではないか」と言うのだった。天皇は、「天神の子は数多くいる。お前が仕えている君がもしまことの天神の子であるなら、必ず何らかのしるしを所持しているはずだ。それを見せよ」と応答した。そこで長髄彦は饒速日命の天羽羽矢一雙・歩靫を取り出して天皇に見せると、「まちがいないものである」と言い、身に帯びる天羽羽矢一雙・歩靫を長髄彦に示したのである。長髄彦はその天表を見て懼れ畏まったけれども、すでに武器を構え、勢いがついて後に引くわけにもいかず、間違った考えを改めようとしなかった。一方の饒速日命はというと、天神が大いに心配しているのは天孫だけであるということを知っていただけではなく、長髄彦は性格がねじれ、神と人の違いを教えても理解できなかったので、ついに殺害し、軍を率いて服属した。天皇は饒速日命が天降った神だということを諒解したが、忠誠の証を示したので、褒めて寵愛した。こうして饒速日命は物部氏の遠祖となった。

書紀では神武天皇が日向を発して東方に向かう動機のなかにニギハヤヒの天降りのことが出てくる。塩土老翁の言葉に「東に美き地あり。青山四周れり。其の中に亦、天磐船に乗りて飛び降る者有り（東の方にうるわしい土地があります。青々とした山にとり囲まれています。かつてその地に天の磐船に乗って飛び降った神がいます）」とあり、天皇は「その飛び降るといふ者は、是饒速日と謂ふか（飛び降ったとされる神とは、ニギハヤヒという名か）」と述べているように、ニギハヤヒは神武東征以前にすでに天降りをしたと記されており、『古事記』とは正反対の内容になっていることがわかる。ただし、天皇に先立っての天降りがニギハヤヒの反逆性を示唆するものではなく、神武紀三十一年四月条に「饒速日命、天磐船に乗りて、太虚を翔行きて、是の郷を睨りて降りたまふに及至りて、故、因りて目けて、『虚空見つ日本の国』と曰ふ」とあるように、日本国号を定めた天つ神としての霊能を発揮した神とされているのである。

次に、書紀は反逆者の名を一貫して長髄彦と記している。鵄（鳥見）邑を根拠地とする首長の名を邑名のトミヒコとはせずこの名を前面に押し出して話を展開させている。前述のように長髄とはひざの長さが通常の人間とは違うことを強調する語で、体貌が異形とされているのは土着する首長の天皇への反逆性を強調し象徴させるための造作であり、天皇の教化に従おうとしない長髄彦はいずれ滅亡すべき運命にあることを予見させている。その他に長髄彦の反逆性は「吾、饒速日命を以て、君として奉へまつる。夫れ天神の子、豈両種有さむや。奈何ぞ更に天神の子と称りて、人の地を奪はむ」という言辞や、「長髄彦、即ち饒速日命の天羽羽矢一雙及び歩靫を取りて、天皇に示せ奉る」という行為に顕在化している。

『古事記』には皇軍とトミヒコ軍との激闘の記述はなかった。書紀では東征の最終段階で皇軍と長髄彦の軍が激しい戦いを交えたとする。皇軍が不利になった場面で激しい雷雨の状態となり、金色の鵄が出現して長髄彦の軍が怖気づいたとし、金鵄の出現を契機として鵄邑すなわち鳥見の地名の由来を書き記している。「其の鵄光り曄煜きて、状流電の如し」との状態は金鵄が雷神の化身であることを物語るだけではなく、「長髄は是邑の本の号なり」と記しているように、金鵄の本来の祭祀者は長髄彦で、鳥見山に天降る神であったと解さなければならない。

志田諄一は金鵄（鷲）が神話にでる甕速日神・熯速日神・建甕槌神などと同類の雷神の性格を帯びていることを指摘し、建甕槌神が天鳥船に乗って天空と地上を往来したとする『古事記』神代巻の神話は饒速日命が天磐船に乗り天降る神とされているのと同様で、饒速日命も同じく雷神であったとみており、天神の子とはいえ皇孫である神武天皇とは由来・性格の異なる神とみなすべきである。書紀編者が金鵄を皇軍の支援者として描いた理由は、ニギハヤヒがすでに鳥見山に天降っていたからであること、ニギハヤヒが金鵄と同質同類の雷神であることを示すためであろう。

さらに、書紀は長髄彦にまつわる伝承が物部氏の家伝から出たものであることを明示している。『古事記』はニギハヤヒ・ウマシマヂを物部・穂積・采女三氏らの共同の始祖と記すが、書紀ではニギハヤヒを「物部氏の遠祖」として他の氏族を排除し、ニギハヤヒは「天磐船に乗りて、天より降り止でませり」と具体的な記述になっており、長髄彦の妹三炊屋媛に入り婿となり、可美真手命をもうけたとする。話の最後は長髄彦がニギハヤヒの手で殺され、命が天より降った神＝天神の子であることを天皇が認知し、頑なに天皇の天神の子としての出自を認めようとしない長髄彦を殺した忠效を褒めて寵遇したとする記述で閉じられているが、これらこそ物部氏が最も主張しようとしたかった事柄であり、さらにその功績により鵄邑（鳥見）の地が物部氏の大和における主要な拠点になった由来を語ろうとしたと言えるであろう。

このように書紀の筋書きは『古事記』とはおよそ異質な内容になっていることがわかり、ニギハヤヒの性格・立場が神武天皇に対して不遜なあり方になっている半面、反逆者と内通した上でこれを殺し天皇への忠義を尽くすという矛盾に満ちた態度がより鮮明に描かれていることが理解される。このような矛盾の原因はやはりニギハヤヒとトミヒコ（長髄彦）をめぐる原話を神武東征伝承の一角に組み込もうとしたことにあり、本来は東征伝承とは無関係な神話だったと解することができる。しかし神話とは言ってもトミヒコはニギハヤヒの降臨物語を際立たせるために造作された人物ではなく、かつて登美の地に君臨した有力首長像が反映されていると考えられる。

大和国城上郡の鳥見山周辺地域には、物部氏が進出してくるよりかなり前の時期に有力な政治勢力が蟠踞していた形跡がある。それは鳥見山の北麓桜井市外山にある桜井茶臼山古墳（墳丘全長二一〇メートルの前方後円墳）と、西南麓の桜井市高田に所在するメスリ山古墳（墳丘全長二三〇メートルの前方後円墳）の被葬者に象徴される集団である。両墳の造営時期についてはおおやまと古墳群に属する箸墓古墳の次世代、西殿塚古墳の並行期頃とみる説が一般で、三世紀後半から四世紀初頭頃の築造とみなしてよく、墳丘の規模や副葬品の内容・性質からみて被葬者は初期ヤマト王権の王とその親族の系譜に連なる人物であった可能性が高い。

ただし、茶臼山・メスリ山両古墳はそれぞれが単独墳で陪冢を持たないこと、また初瀬川の南岸に立地しおおやまと古墳群の陵墓域からはかなりかけ離れた場所に造られており、とりわけメスリ山古墳は平野部からは見通しのきかない丘陵地帯の奥に所在することから、政治的に何らかの問題のあった人物が埋葬されていると推測することができる。しかもこれら二つの巨大古墳の後継系譜につながりそうな古墳は当地域には見当たらないので、右の勢力とその系譜は急速に衰退・断絶してしまったとみなしてよいだろう。

塚口義信は両古墳の被葬者像について、王ではなく王に仕えた有力廷臣の墓とみなすべきであると主張し、当地付近が六世紀以後に阿倍氏の本貫になったことから、埼玉県稲荷山古墳出土鉄剣銘文の発見でクローズアップされた阿倍氏らの始祖オホヒコ命とその子タケヌナカハワケ命を被葬者の候補として挙げたが、オホヒコ命らは実在した歴史上の人物とは考えがたく、また阿倍氏は新興の氏族で両墳の造営と関係する伝承を遺しておらず、さらに阿倍氏の本貫は阿倍丘陵の西側一帯で鳥見山との関係が薄いようであり、反対に両墳が鳥見山を望む位置にありこの山に対する信仰と深い関係にあったと考えられるので、塚口説とは別の案を提示・検討してみることも必要であろう。そこで、筆者は『魏志』倭人伝に記載のみえる「男王」を桜井茶臼山古墳またはメスリ山古墳の被葬者に擬定できるのではないかと考えている。記事は次のようである。

卑弥呼以って死す。大いに冢を作る。徑百余歩、殉葬する者、奴婢百余人。更に男王を立てしも、国中服せず。更、相誅殺し、当時千余人を殺す。復た卑弥呼の宗女台与年十三なるを立てて王と為し、国中遂に定まる。

現代語訳：卑弥呼が没すると大きい墓を作った。墳丘の直径は百歩以上あり、殉死した奴婢は百人を超えた。男王を擁立したけれども国民は承服せず、殺し合いをして千人以上が死んだ。そこで再び卑弥呼の親戚筋にあたる台与という名の十三歳の女子を擁立して王に据え、国内情勢が安定した。

女王卑弥呼は二四八年頃に死没したようである。女王は神の妻で「夫婿無し」の禁忌によって子どもがいなかったため、その後継者には男王が選ばれたのである。だが、女王制の継続を求める勢力が「国中服さず」という形で盛り返し、内紛が起きて男王擁立派と殺戮し合い、女王擁立派が前女王の宗女を即位させてことは収まったという。「国中」とは女王の擁立に関わった国々全体を指し、おそらく争乱のさなかに男王は廃止され、前女王の親族で成年式を終えた台与が急遽即位させられたのであり、この男王こそが茶臼山・メスリ山両古墳の被葬者に当る人物と推測され、さらに廃男王にまつわる所伝が神武東征伝承に登場するトミヒコ・ナガスネヒコなのではないかと考えるのである。

『魏志』倭人伝には、弥生時代から古墳時代中葉頃にかけての首長制に関する重要な原理を彷彿とさせる記録が遺されている。それは当時の首長制が兄妹・姉弟など兄弟姉妹の組合せからなる組織体（ヒメ・ヒコ制）だったことで、倭人伝は邪馬台国の王権が女王卑弥呼とその男弟による統治であったことを記録しており、登美の地にトミヒコ・トミヤヒメ兄妹に象徴される有力首長が蟠踞していたことは三世紀頃の事実を反映する伝承であるとみてよく、巨大古墳が当地に造営されている事実はトミヒコ・トミヤヒメにまつわる伝承が歴史的な背景を有していることを物語るものと言える。

物部氏は遠い過去に由来した自分たちとは直接に関係のないこの伝承を巧みに利用し、始祖神ニギハヤヒが鳥見山に降臨して土豪の家に入り婿となったとする神話を造作し、当地への進出を正当化する言説を創り上げたのだと解することができる。登美山麓にあった物部氏の中核施設こそは前章で明らかにした大連の居館「阿都家」だったのではなかろうか。

二　伊香色雄命の実像

前節の検討によって、やはり物部氏の始祖神ニギハヤヒの起源の地は河内国と想定される。しかるに、みてきたようにニギハヤヒの活躍の跡は大和国にあった。そのようになっているのは物部氏が王権に仕える勢力で宮都域に主要な活動拠点を設定する必要があったからである。そこでニギハヤヒの故郷を求めて再び目を河内に向けることにしよう。

ところで、生駒山の西麓に当る東大阪市東石切町には『延喜式』神名帳・河内国河内郡の項に著録する石切剣箭命神社が鎮座し祭神を二座とする。神名からすると岩石を切り裂く霊力をもつ剣・箭の人格神と解釈できるが、祭神はニギハヤヒ・ウマシマヂの二柱とされており、ここが物部氏の氏祖神を奉祀した起源の地であった可能性が高い。当社は神の降臨と去来・鎮座を暗示する山宮（宮山・上之社）と里宮（下之社）を備えており、本社の東方一キロばかりの山腹に鎮座する上之社（東大阪市上石切町）と、さらに上之社の奥地に当る辻子谷の尾根の平坦面にニギハヤヒを祀る聖地の宮山が所在し、宮山こそがニギハヤヒの降臨する「河上の哮峯」ではないかと考えられるのである。言うまでもなく当社は物部大連家が奉祀した神社ではなく、神主家は穂積氏の後裔を称する木積氏と伝承されている。木積は穂積の転訛とみなしてよいであろう。

そこで穂積氏とはいかなる氏族であったのかを検討してみることにする。『新撰姓氏録』左京神別上には穂積氏に関する記述が次のようになっている。

穂積臣　　伊香賀色雄の男、大水口宿禰の後なり。
穂積朝臣　石上と同じき祖。神饒速日命の五世の孫、伊香色雄命の後なり。

現代語訳：穂積朝臣は石上氏と祖先を同じくする。神饒速日命の五世の子孫にあたる伊香色雄命（イカガシコヲ命）の後裔である。穂積臣は伊香賀色雄の男子、大水口宿禰（オホミナクチスクネ）の後裔である。

右にみられるように穂積氏は石上朝臣と同祖であると称し、その後裔に当る伊香色雄またはその子である大水口宿禰の子孫と主張していることがわかる。これらの神については後ほど説明するが、穂積氏は臣姓を有する在地豪族的な氏族で、連姓を持つ伴造氏族の物部氏とはかなり異質な集団である。特筆すべき点として穂積氏は美濃国でも山間部の加毛・山方・本簀諸郡に集中する形で穂積部を置いており、これは前章でも触れた阿刀部の分布とも重なる現象で木材や木工技術者を穂積本宗家に供給した集団と考えられる。穂積臣は天武十三年十一月に朝臣姓を賜り、持統五年八月には「其の祖等の墓記」を進上した十八氏の仲間に入っており、中央政界では有力な氏族であったことは間違いない。したがって成立由来の異なる物部・穂積両氏が同族関係を称するということは、その背景に何らかの政治的な談合や駆け引きがあったことが想定されるのであって、それが何を契機にしているのかを究明する必要がある。

ところで、一般に穂積氏の本貫は大和国山辺郡穂積郷（天理市前栽付近）とみなされているが、後に指摘するように当地は穂積氏が倭大国魂神（大倭神社）の祭儀に関与するための拠点であったと推測され、むしろ筆者は先ほど述べた河内国河内郡大戸郷に鎮座する石切剣箭命神社付近一帯がこの氏族の本貫ではないかと推測している。もともと生駒山に天降るニギハヤヒ・ウマシマヂの信仰を保持していたのは穂積氏で、同じく河内国を本貫とした物部氏は、穂積氏の氏祖神を両氏族のみならず物部一族・同系関係諸氏族全体の始祖神に仕立て上げたのではなかろうか。ニギハヤヒがいつそのような統合神になったのかは不明であるが、物部大連麁鹿火の執政期にいち早くそうした動きがあったものと推測する。というのも、先ほど引用した『先代旧事本紀』の伝承によれば、ニギハヤヒは河内国の河上の哮峯から鳥見の白庭山に遷坐したとされており、奉祭神のこのような遷坐は物部大連の大和における重要拠点「阿都家」の設置と密接に連動する関係にあると考えるからである。

穂積氏は物部氏や蘇我氏と同様に六世紀初頭から活躍の始まる新興勢力とみることができる。『日本書紀』景行四十年是歳条に日本武尊の妃として登場する弟橘媛は、「穂積氏忍山宿禰の女なり」と記すが、忍山宿禰という人物は継体紀六年四月条に「穂積臣押山を遣して、百済に使せしむ。仍りて筑紫国の馬四十匹を賜ふ」とある百済派遣使節押山のこととみられ、十二月条には穂積臣押山の奏上を受けて大伴大連金村が任那四県（上哆唎・下哆唎・娑陀・牟婁）を百済に返還する措置を天皇に奏上したといい、押山は「哆唎国守」（全羅南道栄山江東岸地域）の肩書を持つ将軍であったと考えられる。こうした措置に物部大連麁鹿火は反対したようで、後に押山と金村は百済から賄賂を得たという風評を立てられ、金村が欽明朝初年に失脚する原因となった事件と伝えられている。

さらに継体紀七年六月条によると、百済は姐彌文貴将軍・州利即爾将軍に添えて穂積臣押山を帰国させ、五経博士段楊爾を貢上したという。押山は百済王と天皇の間で伽耶諸国をめぐる外交交渉に奔走していたのであり、継体紀二十三年三月条では、百済王が「下哆唎国守」押山に加羅の多沙津（蟾津江口）を倭国との交渉の窓口にしたいと申し出、それを天皇に復奏したという。このように穂積氏が継体朝の早い時期から対外関係で重要な役割を果たしていたことは、同氏が航洋船を確保できる実力や技術を有し、河内国の本貫がそのような生活環境下にあったこと、また河内の樟葉に最初の宮都を置いた継体天皇は即位以前より穂積氏の存在と実力を知っていたことが関係するだろう。河内の日下地域には神武東征伝承にでる「日下之蓼津」「白肩之津」と呼ばれた有力港津が所在し、またこの地域は古くから渡来人が定着した土地柄でもあり、穂積氏は時流に乗って急速に政治的実力を蓄え発揮するようになったと考えられる。

欽明十六年七月には蘇我稲目大臣・穂積臣磐弓が吉備に派遣され、吉備五郡に対外政策に関わる白猪屯倉が設置された。なかでも対百済外交の面で穂積氏は物部氏と提携する関係にあった可能性が高い。継体九年二月には物部伊勢連父根（物部至至連）が百済使文貴将軍とともに帰国しているが、先に指摘したように文貴将軍は穂積臣押山とともに来朝した人物であった。さらに父根の一行は「物部連、舟師五百を率て、直に帯沙江に詣る」とあり、押山の時に百済王が対倭外交の要港に定めた津であった。

穂積氏は押山以来軍事的性格をもって対外交渉のノウハウを蓄積した氏族であるらしく、推古八年には穂積臣（闕名）が征新羅副将軍に任命され、大将軍境部臣（闕名）とともに万余の軍を率いて新羅征討に赴いた。また朱鳥元年正月には穂積朝臣虫麻呂が新羅使金智祥を饗応すべく筑紫に派遣されている。虫麻呂は天武天皇の殯宮において同年九月に諸国司の事を誄した人物である。奈良時代に入ると和銅三年正月には穂積朝臣老が副将軍として騎兵・蝦夷・隼人らを率い朱雀大路を行進する儀に参加し、養老元年三月に石上朝臣麻呂が没した時には弔賻使としてその第宅に派遣されており、穂積・物部両氏の親縁な関係を彷彿とさせる出来事である。老はその後養老六年に「指斥乗輿」の罪を得て佐渡嶋に配流され、この事件以後穂積氏からは目立った人物は出ておらず、中央政界における氏勢は急速に衰退していったとみられる。

ところで、穂積氏は対外関係のみならず警獄の統括官に就任した経歴の持主であったようである。大化五年に勃発した右大臣蘇我倉山田石川麻呂の謀反事件の際には、天皇の審問の使者として大伴狛連・三国公麻呂・穂積臣嚙が大臣第に派遣され、再度の使者として三国公麻呂・穂積臣嚙が派遣された。山田大臣は大和の山田寺に逃亡したため、朝廷は将軍大伴狛連・蘇我臣日向らを派遣したが、大臣は妻子・従者らとともに自殺したので派遣軍は途中から引き返し、木臣麻呂・蘇我日向と穂積臣噛が山田寺に赴いて寺を閉鎖した。そこで噛は「大臣の伴党田口臣筑紫等を捉め聚めて、枷を着け反縛れり」とあり、さらに「物部二田造塩を喚して、大臣の頭を斬らしむ」と記され、大臣に連坐して誅戮された者が十四人、絞刑九人、配流十五人とされる。事件の経過をみると、穂積臣噛は大化期の官司「刑部」の幹部クラスで、物部の伴造・伴部を指揮し刑罰を執行する立場にあったことがわかる。

また壬申の乱にあっては、近江朝廷の興兵使として穂積臣百足・弟五百枝・物部首日向の三名が倭京に派遣され、飛鳥寺の西の槻の下に陣営を作ろうと策した。百足は小墾田兵庫に出向いて兵器を調達しようとしたが、大伴連吹負らの襲撃を受けて斬り殺され、五百枝と物部日向は捉えられた後に赦されて吹負の麾下に入る。これら三名は小墾田兵庫・石上神宮の神庫の管理者であり、とりわけ小墾田兵庫には蘇我大臣蝦夷以来大量の実用兵器が貯積されていたため、乱の勃発と同時に武器類を近江に運送すべく急遽倭京へ派遣されることとなったと考えられ、とりわけ穂積臣百足は天智朝の「刑官」の幹部であった可能性が高い。

このように、穂積氏は物部大連家とともに河内国を本貫とする氏族であったこと、両氏ともに同じ時期から対朝鮮外交・外征に関与していた実績があること、職掌の面では警察・軍事部門を主に担当した氏族であることなど共通点が多く、かなり早い時期から同族関係を結成する契機が存在したと考えてよい。ただし、物部氏は六世紀末の丁未戦争で政治的に大きな打撃を受けているから、穂積氏はその機会に乗じて始祖伝承に独自の主張を盛り込もうとした形跡がある。『古事記』と『日本書紀』の記載事項に基づき両氏の系譜関係を系図の形で示すと次のようになる（系図1・2）。

系図1・2の伊迦賀色許売命・伊香色謎命は同一人物で「イカガシコメ」と読む。また系図1・2の内色許男命・欝色雄命（ウツシコヲ）と内色許売命・欝色謎命（ウツシコメ）は兄妹の関係にあるが、両者の系譜関係には看過できない重大な錯誤がある。系図1では伊迦賀色許売（イカガシコメ）が穂積臣等の祖内色許男（ウツシコヲ）の娘とされているのに、系図2には物部氏の遠祖大綜麻杵（オホヘソキ）の娘とされていて、父親の名や出自がまるで違う点である。これは記・紀編纂時に提出された穂積・物部両氏の家伝にそれぞれの氏族の間で未調整の伝記が存在した証拠ともみられ、結局この明らかな齟齬は訂正されず放置されたままになってしまう。

そこで平安時代初期に編纂された『新撰姓氏録』を調べてみると、系図1に出る内色許男命（ウツシコヲ）・内色許売命（ウツシコメ）は穂積氏の祖先系譜にはいっさい登場することはなく、先ほど引用した穂積朝臣と穂積臣の譜文に現れる祖先は伊香賀色雄（伊香色雄）・大水口宿禰であった。また系図2の大綜麻杵（オホヘソキ）についても、姓氏録で子孫だと名乗っているのは大宅首（左京神別上・右京神別上）のみであり、内色許男命（欝色雄命）・内色許売命（欝色謎命）兄妹と大綜麻杵とは記・紀編纂に際して急遽創作・架上された祖先だったのではないかという疑義が生じるのである。内色許売命（欝色謎命）は孝元天皇の皇后とされた女性であり、また伊迦賀色許売命（伊香色謎命）は孝元天皇（妃）と開化天皇（皇后）に嫁したとされる女性で、いずれも七世紀後半期に造作・架上された欠史八代の皇統譜に組み込まれた人物であり、さらに伊迦賀色許売命（伊香色謎命）は武内宿禰系譜の基点でありまた崇神天皇

系図1　『古事記』にみえる物部・穂積両氏と天皇家の婚姻関係

伊迦賀色許売命 ＝ 比古布都押之信命

孝元天皇 ＝ 内色許売命（妹）
　├ 大毘古命
　├ 少名日子建猪心命
　└ 開化天皇

内色許売命（妹）・内色許男命（兄）（穂積臣等祖）

内色許男命（兄）（穂積臣等祖） ― 伊迦賀色許売命（女）

開化天皇 ＝ 伊迦賀色許売命（女）
　└ 崇神天皇

系図2　『日本書紀』にみえる物部・穂積両氏と天皇家の婚姻関係

大綜麻杵（物部氏遠祖） ― 伊香色謎命（妃）

孝元天皇 ＝ 伊香色謎命（妃）
　└ 彦太忍信命

孝元天皇 ＝ 欝色謎命（妹・皇后）
　├ 大彦命
　├ 倭迹迹姫命
　└ 開化天皇

大綜麻杵 ― 欝色謎命（妹・皇后）・欝色雄命（兄）（穂積臣遠祖）

開化天皇 ＝ 伊香色謎命（皇后）
　└ 崇神天皇

の母とも伝える重要な存在となっているが、これら二人の女性像は皇統譜を造作する意図と政策の下に作為された可能性がきわめて高いと思われ、国史編纂事業において双方の氏族は競合関係にあったことがわかる。

ただ、『新撰姓氏録』に登載された物部同族・同系諸氏族は全部で一一六氏の多数にのぼるが、そのうち四八氏が饒速日命（ニギハヤヒ）ではなく伊迦賀色許男命・伊香色雄命（イカガシコヲ）の後裔を主張しており、「イカガシコヲ」の物部祖先系譜上における地位・存在感にはすこぶる注意を要する。系図1・2に「イカガシコヲ」を省いた理由は筆者の何らかの恣意的な意図によるものではなく、「イカガシコヲ」と「イカガシコメ」の関係が記・紀には何も記述されていないからである。「ウツシコヲ・ウツシコメ」のように神話や説話に出てくる一対の男女は兄妹の場合が多いので、おそらく「イカガシコヲ・イカガシコメ」も兄妹の関係だろうとみなしてよく、穂積氏が「ウツシコヲ・ウツシコメ」兄妹を造作した契機もイカガシコヲ兄妹像に対抗する意識が働いたのだとみられる。ただ、「イカガシコヲ」は物部の祖先系譜のみに留まる人物像ではなく、物部大連家の起源・出自や職掌など一連の問題に関わる重要な存在であると考えてよいだろう。

イカガシコヲの人名表記は伊迦賀色許男・伊香色雄・伊香我色雄・伊香賀色男などである。「イカガ」が地名を表し、「シコヲ」は醜雄すなわち勇猛頑健な男子を意味している。問題はイカガがどこの地名なのかということであるが、河内国茨田郡北部に伊香郷（枚方市伊加賀本町他）があり訓は「以加古・以加加」とする。また近江国伊香郡も伊香胡山・膽香瓦臣などからイカゴと訓まれたらしく、古代に遡る地名としてもおかしくないので、試みに物部大連の本貫である河内国渋川郡内の地名を調べてみたところ、渋川郡邑智郷（大阪市生野区巽中・巽東付近）にかつて「伊賀ケ」なる地名が存したことが判明した。江戸時代から明治二十二年までは村名を伊賀・伊加賀と称し、昭和三十年から四十八年まで巽伊賀ケ町となり、現在は巽中・巽東となって由緒ある伊賀ケの名は消滅してしまっている。筆者が当該地名の存在を知った契機は、手元にある昭和三年七月大阪防衛司令部作成の大阪防衛部隊配備要図と、昭和二十一年十月地理調査所発行の五万分の一「大阪東南部」の地図で、そこには今では廃滅した「大地（邑智）」「矢柄」「伊賀ケ」などの旧村名が記載されているのである。

そこで、イカガシコヲとは渋川郡を本貫とした物部大連の先祖を擬人化した神名で、「伊香の勇猛頑健な男」の意味ではないかと推測され、物部大連家が創作・拝祭した祖先神としてもふさわしい存在感を表しているのではないかと思われる。さらに前章でも触れたように、大連守屋が奮戦した「渋河家」や守屋終焉の地である「衣摺」、あるいは『四天王寺御手印縁起』にみえる衣摺・足代・蛇草・御立・宅良など渋川郡北・中部地域に点在したと推定される地名群も、この「伊香」地名とあながち無関係ではないと考えられるのである。つまり極端な言い方をすると物部大連＝伊香色雄とも表現できるのであり、イカガシコヲは物部大連家の本来の始祖神であり、渋川郡北中部地域こそが物部大連家の発祥地だったのではなかろうか。

ではイカガシコヲは物部氏のどのような職務と関係があったのか。まず『古事記』崇神段の関係記事を引用してみよう。

此の天皇の御世に、疫病多に起りて、人民死にて盡きむと為き。爾に天皇愁ひ歎きたまひて、神牀に坐しし夜、大物主大神、御夢に顕れて曰りたまひしく、「是は我が御心ぞ。故、意富多多泥古を以ちて、我が御前を祭らしめたまはば、神の気起らず、国安らかに平らぎなむ」とのりたまひき。是を以ちて駅使を四方に班ちて、意富多多泥古と謂ふ人を求めたまひし時、河内の美努村に其の人を見得て貢進りき。爾に天皇、「汝は誰が子ぞ」と問ひ賜へば、答へて曰ししく、「僕は大物主大神、陶津耳命の女、活玉依毘売を娶して生める子、名は櫛御方命の子、飯肩巣見命の子、建甕槌命の子、僕意富多多泥古ぞ」と白しき。是に天皇大く歓びて詔りたまひしく、「天の下平らぎ、人民栄えなむ」とのりたまひて、即ち意富多多泥古命を以ちて神主と為て、御諸山に意富美和の大神の前を拝き祭りたまひき。又伊迦賀色許男命に仰せて、天の八十毘羅訶を作り、天神地祇の社を定め奉りたまひき。

現代語訳：この天皇の御世、疫病が大流行し人民が死に絶えてしまいそうになった。天皇は憂い歎き、神を祀る夜に見た夢に大物主大神が出現し、「今起きている事態は私の意思である。オホタタネコに私を祀らせれば神の気も起こらず、国家も平安になるだろう」と告げた。それで駅使をあちこちに派遣してオホタタネコを探した結果、河内の美努村で該当の人物を発見し、天皇に差し出した。天皇が「お前は誰の子か」と問うと、「私は大物主大神が陶津耳命の娘である活玉依毘売と結婚して生まれた子で、櫛御方命の子、飯方巣見命の子、建甕槌命の子に当たるオホタタネコです」と答えた。それで天皇はたいへん喜ばれ、「天下は太平となり、人民も栄えるだろう」と言われ、オホタタネコを神主に据えて御諸山にオホミワの大神をお祀りなさった。また、イカガシコヲ命に命じて聖なる土器を作らせ、天つ神・国つ神の社を定めさせることにした。

崇神天皇が即位して間もなく国内に疫病が蔓延し、天皇はこの禍災の原因が大物主神の祟りであることを知り、大神が天皇の夢に啓示したオホタタネコを探し出し、この人物を神主として大物主神を御諸山に拝祭した。その時同時にイカガシコヲに命じて天の八十毘羅訶を作らせ、天神地祇の社を定めたというわけである。伝承の出典は三輪氏の家伝であるらしく、オホタタネコの探索と出自などに重きを置いた記述になっている。一方、『日本書紀』は次のようなやや複雑なストーリーを記している。

倭迹速神浅茅原目妙姫・穂積臣の遠祖大水口宿禰・伊勢麻績君、三人、共に夢を同じくして、奏して言さく、「昨夜夢みらく、一の貴人有りて、誨へて曰へらく、『大田田根子命を以て、大物主大神を祭ふ主とし、亦、市磯長尾市を以て、倭大国魂神を祭ふ主とせば、必ず天下太平ぎなむ』といへり」とまうす。天皇、夢の辞を得て、益心に歓びたまふ。布く天下に告ひて、大田田根子を求ぐに、即ち茅渟県の陶邑に大田田根子を得て貢る。天皇、即ち親ら神浅茅原に臨して、諸王卿及び八十諸部を会へて、大田田根子に問ひて曰はく、「汝は其れ誰が子ぞ」とのたまふ。対へて曰さく、「父をば大物主大神と曰す。母をば活玉依姫と曰す。陶津耳の女なり」とまうす。亦云はく、「奇日方天日方武茅渟祇の女なり」といふ。天皇の曰はく、「朕、栄楽えむとするかな」とのたまふ。乃ち物部連の祖伊香色雄をして、神班物者とせむとトふに、吉し。又、便に他神を祭らむとトふに、吉からず。

（『日本書紀』崇神七年八月条）

現代語訳：倭迹速神浅茅原目妙姫・穂積臣の遠祖大水口宿禰・伊勢麻績君の三人が同じ夢を見たので、天皇に申し上げた。「昨夜の夢に一人の尊い人が現れ、『オホタタネコ命を大物主大神の神主とし、イチシノナガオチを倭大国魂神の神主とするなら、必ず天下は太平となろう』と言われた」と申し上げげた。天皇は夢の言葉を聞いて喜ばれ、天下に告げてオホタタネコを探すと、茅渟県の陶邑でオホタタネコを見出した。天皇は神浅茅原に赴き廷臣のすべてを参集させて、オホタタネコに「お前は誰の子なのか」と問われると、「父は大物主大神、母は活玉依姫で、陶津耳の娘です」と答え、さらに「奇日方天日方武茅渟祇の娘」であるとも言った。天皇は「よく栄えることであろうぞ」と申された。そこで、物部連の祖イカガシコヲに命じて神の祭儀に捧げる物を担当する役人として占ってみると、吉と出たが、他の神を祀ろうとすると、凶と出たのである。

伊香色雄に命せて、物部の八十平瓮を以て、祭神之物と作さしむ。即ち大田田根子を以て、大物主大神を祭る主とす。又、長尾市を以て、倭の大国魂神を祭る主とす。然して後に、他神を祭らむとトふに、吉し。便ち別に八十萬の群神を祭る。仍りて天社・国社、及び神地・神戸を定む。是に、疫病始めて息みて、国内漸に謐りぬ。五穀既に成りて、百姓饒ひぬ。

（『日本書紀』崇神七年十一月条）

現代語訳：イカガシコヲに命じて、物部の作製する土器を祭具とさせた。そこでオホタタネコを大物主大神の神主とし、ナガオチを倭大国魂神の神主とした。その後、他の神を祀ろうと占ってみると、吉と出たので八十萬の神々を祀ることにした。天つ社・国つ社と神の領地・神に仕える民戸を定めた。こうして疫病が終息し、五穀が稔り、人民が豊かになった。

崇神紀の伝承は内容上二つに分割されているが筋書きは明らかに連続している。疫病を終息させるための措置として大物主神をオホタタネコに祀らせ、倭大国魂神をイチシノナガオチに祀らせることとし、物部連の祖イカガシコヲには物部の八十平瓮を作らせ、八十萬の群神を祀らせたとするのである。記された祭儀体制は『古事記』と同じで、イカガシコヲは「神班物者」となって「祭神之物」を作製し八十萬の群神つまり天神地祇を奉祭するという任務を授けられたとする。『古事記』は大物主神の祭祀だけを取り上げているが、書紀は倭大国魂神を加えた記述になっており、三輪氏とは異なる氏族の家伝が採択された可能性があり、倭氏または穂積氏の家記が利用されたのではなかろうか。

というのは、伊勢神宮の起源を語る『日本書紀』垂仁二十五年三月条に次のような註記があるのだが、これはもともと崇神七年八月・十一月紀本文の分註とみなしてよいものだからである。ここでは崇神・垂仁両紀の伝承に関わっている穂積臣遠祖大水口宿禰がかなり重要な働きをしている。

一に云はく、天皇、倭姫命を以て御杖として、天照大神に貢奉りたまふ。是を以て、倭姫命、天照大神を以て、磯城の厳橿の本に鎮め坐せて祠る。然して後に、神の誨の随に、丁巳の年の冬十月の甲子を取りて、伊勢国の渡遇宮に遷しまつる。是の時に、倭大神、穂積臣の遠祖大水口宿禰に著りたまひて、誨へて曰はく、「太初の時に、期りて曰はく、『天照大神は、悉に天原を治さむ。皇御孫尊は、専に葦原中国の八十魂神を治さむ。我は親ら大地官を治さむ』とのたまふ。言已に訖りぬ。然るに先皇御間城天皇、神祇を祭祀りたまふと雖も、微細しくは未だ其の源根を探りたまはずして、粗に枝葉に留めたまへり。故、其の天皇命短し。是を以て、今汝御孫尊、先皇の不及を悔いて慎み祭ひまつりたまはば、汝尊の寿命延長く、復天下太平がむ」とのたまふ。時に天皇、是の言を聞しめして、則ち中臣連の祖探湯主に仰せて、卜ふ。誰人を以て大倭大神を祭らしめむと。即ち渟名城稚姫命、卜に食へり。因りて渟名城稚姫命に命せて、神地を穴磯邑に定め、大市の長岡岬を祠ひまつる。然るに是の渟名城稚姫命、既に身体悉に痩み弱りて、祭ひまつること能はず。是を以て、大倭直の祖長尾市宿禰に命せて、祭らしむといふ。

（『日本書紀』垂仁二十五年三月条所引一云）

現代語訳：別の伝記では、天皇が倭姫命を斎女として天照大神に捧げられた。そこで倭姫命は天照大神を磯城の聖なる橿の樹の元に鎮座させてお祀りになった。その後、神託により丁巳の年の十月甲子の日に伊勢国の渡遇宮に遷坐なさった。それと同時に倭大神が穂積臣の遠祖大水口宿禰に憑り着き、教えて言うには、「この世の始まりの時の約定には、『天照大神は高天原を統治すること、皇御孫尊（天皇）は葦原中国の神々を治めること、私は国土霊を治めること』と決められた。しかし、先皇の崇神天皇は神祇をお祀りになったとはいえ、まだ十分に祭儀の淵源を詳しくたどることなく、形式を整えられたに過ぎなかったので、天皇の寿命も短くなった。それでいまこそあなた様は先皇の不足を悔いて祭儀を慎み行われれば、寿命は長久に天下は太平となるだろう」と言った。垂仁天皇はこの託宣をお聞きになり、中臣連の祖探湯主に大倭大神の祭りを誰にさせるかを占わせると、渟名城稚姫命が占に合った。そこで、姫に命じて神地を穴磯邑とし、大市の長岡の岬の場所で神を祀らせたが、姫は身体が衰弱して祭儀が務まらない状態になったので、大倭直の祖ナガオチ宿禰に命じて祭儀を行わせたという。

まず先ほど引用した崇神紀において、大水口宿禰は大物主神・倭大国魂神の祭主を誰にするかという問題について夢占のことを天皇に申上したとされ、両神の祭主は大水口宿禰の「夢の辞」によって決められたとする。他方、垂仁紀では倭大神が大水口宿禰に憑依して託宣を告げたとしている。神教の内容は①天照大神が高天原を治めること、②天皇は天神地祇を総祀すること、③倭大神は「大地官」すなわち国土霊となることである。これらの神教は「太初の時に、期りて」とあるように国土創成以来の原則・約束事だと述べていて、天照大神を基軸とする神々の秩序・分掌と祭祀権の在り処が定められたことがわかり、さらに垂仁朝に倭大神を大倭直が奉祀した由来を詳しく記している。

そのなかで物部連祖のイカガシコヲは②天皇が執行する天神地祇の総祭に関与し、倭大国魂神と深い関係にあった穂積臣祖大水口宿禰は③倭大国魂神と諸国造が奉祀する地方国魂神の祭儀の実質を決めたとみられ、イカガシコヲの任務・職権は天皇に代わって葦原中国の神祇体制を整備・統括することであったとみることができる。おそらく「天の八十平瓮」は諸国の天社・国社に授与・配布するために作製されたもので、警獄の吏としての物部は畿内のみならず地方にも広く配置されていたので、中央の物部大連に地方神の調査や祭儀の規式を徹底し統制させることは理にかなった措置であったと言うことができるであろうし、王権が地方神祇の実情を調査しその祭祀に関与したのはこれが歴史上最初の措置であった。

垂仁紀は天照大神（伊勢大神）の磯城厳橿の本から伊勢渡会宮への遷座を「丁巳の年の冬十月の甲子」と伝えている。雄略朝の四七七年または欽明朝の五三七年が該当するように思われるが、筆者は五三七年説をとりたい。欽明朝には祭官制の創出によりこれまで述べてきた王権祭儀の改革が敢行された模様で、右の諸伝承には三輪・物部・穂積・倭・中臣などの祭官関係有力諸氏族の名が挙がっており、そのなかで物部連は三輪君と並んで祭官の主導勢力になったとみられ、イカガシコヲの伝承はそうした物部連の職権を象徴する人物像に昇華し、丁未戦争以後にはイカガシコヲが物部氏の祖先伝承において大きな地位を占めるようになったと考えられるのである。

なお、次章で述べるように物部大連家の分家に物部大市連家があり、大連尾輿の長子御狩が祭官の職務に関与していたらしい。大市は御諸山の北西麓に当たる大和国城上郡大市郷（桜井市箸中・巻野内付近）を指し、大市連家の本拠がここにあったことは確実である。六世紀後半頃に築造された殊城山古墳群は御狩一族の墓群と推定され、大化の東国国司長官に起用された「大市連」（『日本書紀』大化二年三月条）はその後裔とみることができる。

一方、検討してきたように穂積臣の祖とされる大水口宿禰は王権祭儀の改革のなかでは倭大国魂神の祭儀に関与したに過ぎず、『新撰姓氏録』では穂積臣（左京神別上）・采女朝臣（右京神別上）のみが大水口宿禰の後裔を名乗っているだけで、大水口宿禰は物部系譜のなかでは重要な先祖とはならなかった模様である。だがいずれにせよ、穂積氏も物部氏と並んで祭官に関わって活躍した氏族であることは間違いあるまい。

第六章　石上神宮と物部大臣

一　物部大連家の内紛

丁未戦争の当時、大臣・大連家をはじめとして中央政界で重きをなした大夫層の諸氏族はかなり深刻な内紛を抱えていた模様である。氏族は世代を経るごとに本宗家から枝分かれして多くの分家を派出するようになるが、一族を統率する地位に立つ族長は本宗家から選ばれるとは限らなかった。また兄弟同士でも同世代の有能な人物が選任されるという習慣があり、直系の子孫が族長権を継承するというような社会的慣習や法的原則はなかったのである。

最も著名な内紛の例は三輪氏の場合で、敏達天皇の寵愛を受け朝廷の内外の事を委ねられた逆に対し、その同族で兄弟の白堤・横山は大神大物主神の祭祀権を争奪し合い、皇位を狙う穴穂部皇子にうとまれた逆は兄弟らに居所を通報され、皇子自身または物部大連守屋の手で殺害されたという。また、蘇我大臣家は稲目・馬子・蝦夷と三代にわたる直系継承を行ったが、推古朝末期に叔父境部臣摩理勢が甥の蝦夷と対立し、乙巳の変では蘇我倉山田石川麻呂が本家を打倒する政変に参加したことは有名で、その他の氏族にあっても多かれ少なかれ内部対立が存在し、皇位の継承をめぐる蘇我と物部の最高執政官が起こした権力闘争でも、互いの家の内紛につけ込みながら相手を滅ぼすという手法がとられたようである。本章では物部大連家の内紛の事情を探りながら物部氏の警獄の権の行方と石上神宮創立の経緯を探ってみたい。

ところで警獄の吏としての物部の組織は丁未戦争（五八七年）の後にも引き続き機能したことは言うまでもない。警獄の権は王権の護持と社会秩序の安寧には欠かせないものであり、最高執政官にして警獄の機構の統括官たる物部大連が滅亡したとしても、下位に属する伴造・伴部の組織は従来のままに維持・運営されなければならなかった。第四章でみたように、丁未戦争で守屋の家は滅んだとしてもその兄弟らの家がこぞって滅亡したわけではないのである。政変後に警獄の職権を引き継ぎ統括したのは蘇我大臣家と考えられるが、実際の機構運営については前代から引き続く物部連とその同系氏族や、蘇我氏の分家のうち有力な氏族が統括官に据えられることになったと考えられるのである。遺された断片的な史料に基づきその詳しい経緯を明らかにしていきたい。

最初に物部大連家の系譜のうち『先代旧事本紀』天孫本紀に載せる尾輿の子女に関わる部分を掲出し、これを系図3としておこう。これは文章系譜の形になっているが、本来は左に示したように竪系譜の形式だったと推測される。

『先代旧事本紀』の信憑性についてはこれまでにもさまざまな議論があり、とりわけ物部大連家の系譜に関しては他に依るべき史料がほとんど見当たらないので、系譜部分についても直ちにすべてを信用することは危険である。しかし掲出した尾輿の次世代の系譜には看過できない貴重な記述がある。それは四人の男子の氏姓に関するもので、それぞれが大市・弓削・今木・石上という地名を名乗っていることで、天孫本紀のほかの部分にはみられない珍しい記載事項であり、これらの地名はそれぞれの人物の居地・本拠とみられ、父尾輿は次世代を担うことになるこれらの子息を物部の重点管区に配置したとみられるのである。

系図3　『先代旧事本紀』物部大連尾輿の家系

阿佐姫〈弓削連祖倭古連女〉
＝物部尾輿連公
　├物部大市御狩連公
　├物部守屋大連公（亦曰、弓削大連）
　├物部今木金弓若子連公
　└物部連公布都姫夫人（字、御井夫人。亦云、石上夫人）

物部尾輿連公
＝加波流姫〈弓削連祖倭古連女〉
　└物部石上贄古連公
　　＝物部鎌姫大刀自連公
　　　└物部鎌姫大刀自連公
　　　　＝宗我嶋大臣
　　　　　└豊浦大臣（名曰、入鹿連公）

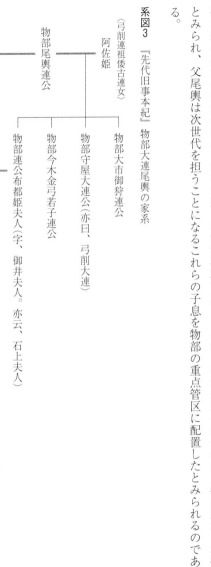

大連尾輿自身は最高執政官兼物部の機構の総師として大和の宮都に所在する「阿都の家」を管掌したと考えてよく、次代の大連に就任したのは次男の守屋であったことがわかり、最も有能な子どもを族長の継承者とする慣行の適例と認められる。守屋が弓削を通称としたのは母阿佐姫の里である河内国若江郡弓削郷と関係するようにも推察されるが、渋川郡条里の説明の際にも述べたように、同郡内にも「弓削地」「弓削五村居家」が存在していたらしく、そこに弓削大連と通称される由来となった守屋の居館があった蓋然性が高い。これは物部の河内管区の中枢施設とみることができる。

次に長子の大市御狩については前章で指摘しておいたように、大和国城上郡大市郷に本拠を置き、祭官の職権を通じて畿内・地方の神祇の実情を調査・把握し、国つ神の総師たる大神大物主神や倭大国魂神の祭儀に関与したと考えられる。今木金弓は山城国宇治郡宇治郷の今木に本拠を置き、山城国内の警獄全般を管掌したものと推定される。宇治とその北部に位置する木幡は京都盆地における水陸両交通上の要衝で、付近には山城国内でも数多くの物部同系氏族の居住が確認できる。一方、大和管区の中枢である石上を拠点としたのは、母が同じ弓削連に出自をもつとする物部贄古であろう。石上が物部氏の重要拠点であったことについては従来から言われてきたことであるが、その説の根拠が何なのかは明確ではなかった。石上神宮の存在を重視するのがこれまでの定説であるが、丁未戦争以前に石上神宮が存在したことについては疑問がある。しかしいまはそのことはともかくとして、六世紀代の畿内全域に睨みをきかせた物部の警獄の管区の様相がこれではっきりしたと言うべきであろう。

系図3はさらに重要な情報をもたらしてくれる。それは物部大連家と蘇我大臣家との婚姻関係が記されていることである。系譜によると石上贄古と布都姫との異母兄妹婚によって生まれた鎌姫が宗我嶋大臣（蘇我馬子）の妻となり、豊浦大臣（蘇我蝦夷）をもうけたとする。ただ、豊浦大臣の名は入鹿とされており、明らかな錯誤である。

そもそも記・紀において蘇我大臣家の婚姻関係に関する情報はきわめて乏しく、馬子・蝦夷・入鹿各々の妻や子女のことはほとんど明らかではないのであるから、物部大連家との婚姻関係を記す右の系譜ははなはだ重要な史料と言うべきである。ただし、いま述べたような錯簡があるためにわかに信用できない面がある。それでも、蘇我馬子は守屋・贄古と同世代であるから婚姻の相手は布都姫とみなすべきであり、蝦夷が鎌姫と結婚して入鹿をもうけたというのが真相なのではなかろうか。そうすると、布都姫は最初の結婚相手である異母兄の贄古と離婚した上で蘇我馬子の妻となったと推定できる。このような結婚は藤原不比等と県犬養三千代（元夫は美努王）や、桓武天皇と百済永継（元夫は藤原内麻呂）の事例に照らして事実と考えてよいだろう。

ところで、物部・蘇我の姻戚関係に関しては『日本書紀』の二つの伝記が注目される。これらをいま【伝記A】【伝記B】として引用してみよう。

【伝記A】『日本書紀』崇峻即位前紀

時の人、相謂りて曰はく、「蘇我大臣の妻は、是物部守屋大連の妹なり。大臣、妄に妻の計を用ゐて、大連を殺せり」といふ。

現代語訳：当時の風評によれば、「蘇我大臣の妻は物部守屋大連の妹で、大臣は妻の計略を利用して大連を殺してしまった」とされる。

【伝記B】『日本書紀』皇極二年十月条

蘇我大臣蝦夷、病に縁りて朝らず。私に紫冠を子入鹿に授けて、大臣の位に擬ふ。復其の弟を呼びて、物部大臣と曰ふ。大臣の祖母は、物部弓削大連の妹なり。故母が財に因りて、威を世に取れり。

現代語訳：蘇我大臣蝦夷は病気を理由に朝議を欠席した。勝手に紫冠を息子の入鹿に授け、大臣になぞらえるようなことをした。また入鹿の弟を通称で物部大臣と称した。蝦夷大臣の母は物部弓削守屋大連の妹である。だから母方の財産を手に入れ、勢威をひけらかしたのである。

【伝記A】は蘇我大臣馬子の妻が物部大連守屋の妹であると明記している。系図3に出る布都姫がそれで、守屋が殺されたのは馬子が「妻の計」を利用したからであるという留意すべき風評が記されている。【伝記B】は蝦夷の子息が入鹿（兄）と物部大臣（弟）であること、この兄弟の祖母が守屋大連の妹であることを記す。末尾の「故母」以下の文章の主語は、子息らに大臣位を擬すという専権恣意的な行為を行った蝦夷と解してよく、蝦夷は実母である布都姫の財によって勢威を振るったということになるのである。

物部・蘇我両氏のこのような姻戚関係の形成に関し、松倉文比古は『日本書紀』の所伝から抽出・復原した両氏の祖先系譜を紹介している。それを図化すると系図4のようになる。

系図4　『日本書紀』の物部・蘇我両氏をつなぐ系譜

- 大綜麻杵（物部氏遠祖）
  - 伊香色雄命（物部連祖）
  - 伊香色謎命
    - 彦太忍信命（比古布都押之信命）
    - 御真木入日古印恵命（崇神天皇）

彦太忍信命（比古布都押之信命）は蘇我氏とその同族諸氏族の始祖武内宿禰の父または祖父と伝えられる人物であり、命の母の出自が物部連の女性となっているのは【伝記Ｂ】に出る蝦夷や入鹿らの出自を暗示しているであろう。また、松倉は命の名の一部に「太・布都（フツ）」を含むのは石上神宮の祭神「韴霊」と関係があるのではないかと重要な指摘をしており、蘇我氏が石上神宮の創祀に関与した事情のあることを暗示している。というのも次のような興味深い史料があるからである。田中卓校訂による『紀氏家牒』にみえる所伝である。

紀氏家牒に曰はく、馬子宿禰の男蝦夷宿禰は葛城県の豊浦里に家す。故名づけて豊浦大臣と曰ふ。亦家に多く兵器を貯へ、俗に武蔵大臣と云ふ。母は物部守屋大連亦曰弓削大連。の妹、名を太媛と云ふなり。守屋大連の家亡ぶの後、太媛は石上神宮の斎神之頭と為る。是に、蝦夷大臣、物部の族神主家等を以て僕と為し、物部首と謂ひ。亦神主首と云ふ。

現代語訳：紀氏家牒には、馬子宿禰の子蝦夷宿禰は葛城県の豊浦里に家を構えていたので、豊浦大臣と称し、家に大量の兵器を貯めていたので、武蔵大臣とも呼ばれた。母は物部守屋大連（別名を弓削大連とも称された）の妹で太媛といった。守屋大連の家が滅亡した後、太媛は石上神宮神官団の代表となった。それで、蝦夷大臣は物部系の一族であった神官らを奴僕のように扱い、物部首とも神主首とも呼ぶことにした。

蝦夷が武蔵大臣と称されたというのは誤解で、後ほど掲載する姓氏録の文章の誤読によるものである。家牒自体の成立時期も平安時代初頭以後とみるべきで信憑性に問題のある史料であるが、蝦夷の母太媛（布都姫）が大連守屋の妹とする点で【伝記A】【伝記B】と一致し、その太媛が大連滅亡後に「石上神宮の斎神之頭」になったとするほかにない伝承を記している。田中が指摘するように「斎神之頭」は「祠官頭」（『古語拾遺』）・「神祇官頭」（『日本書紀』持統八年三月二十三日条）や「宰頭」（『住吉大社神代記』）など令制前代の官制を反映している蓋然性があり、もしこれが何らかの事実を背景とした古伝承であるとすると、先にも指摘したように、蘇我氏は婚姻政策を通じて物部大連家を分裂させ物部の職権を手に入れることに成功しただけではなく、その政策に石上神宮の創祀ということがあったのではないかと考えられるのである。

そこで【伝記A】【伝記B】の両系譜を系図の形で示すと左のようになり、これを系図5とする。

系図5　物部・蘇我両氏の婚姻関係

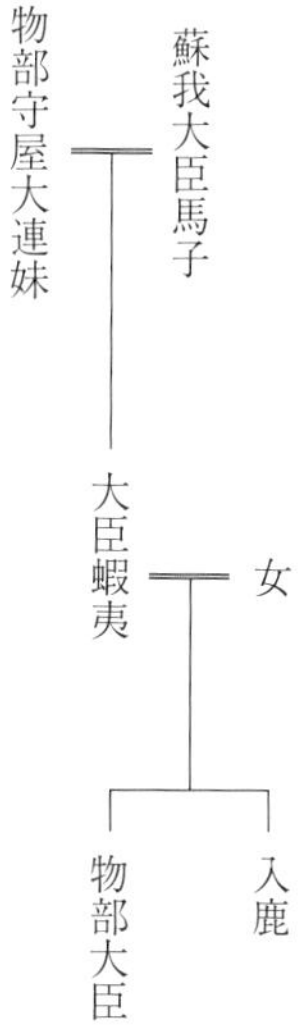

系図5において出自不明の人物がいることがわかる。蝦夷の妻である。この女性は入鹿と物部大臣の実母に当たるが、書紀などの文献には名が記されていない謎の人物である。だが、系図3を再度点検してみると蝦夷の妻は鎌姫だった可能性が浮上し、そうすると蘇我大臣家は馬子・蝦夷の二代にわたり物部大連家との婚姻関係を重ねていたことになるだけではなく、物部守屋とではなく贄古の家系との関係がきわめて緊密であることに気づくであろう。すなわち、蘇我馬子は物部贄古の家との姻戚関係を重ねつつ、贄古と守屋の対立を作りだして大連守屋を滅亡に追い込んだと考えられるのである。

そこで系図3に準拠しつつ【伝記A】【伝記B】をも参照して推測される物部大連家と蘇我大臣家との婚姻関係の経緯をここでいったん箇条書きの形で整理しておくことにする。『先代旧事本紀』と『日本書紀』という、性格も編纂時期も異なる双方の文献の語るところをできるだけ生かすことのできる解釈を試みるという意味である。

一、物部大連守屋の妹布都姫と物部連贄古との同族内での異母兄妹婚が成立し、夫婦間に鎌姫が誕生する。

二、大連守屋と大臣馬子の政治的談合により布都姫と馬子の結婚話が持ち上がり、夫である物部連贄古はこれを承諾する。

三、蘇我大臣馬子と布都姫が結婚し蝦夷が生まれる。

四、丁未戦争後、政界の覇権を確立した蘇我大臣馬子は息子蝦夷と物部連贄古の娘鎌姫との婚姻政策を推進する。

五、蘇我蝦夷と鎌姫との間に入鹿・物部大臣の兄弟が出生する。

以上に記したことは筆者の単なる机上の妄想ではないかと批判されても仕方のない筋書きで、伝承された系譜に何らかの誤りがある場合には自説を撤回して組み立て直す必要があるけれども、大筋では蘇我・物部の婚姻関係を否定することはできないと考える。そして、一連の婚姻政策の主導権は蘇我馬子が握っており、馬子は守屋よりもむしろ贄古にターゲットを絞りその妻と娘を自家に取り込もうとしたことが理解されるであろう。角度を変えてこれらの婚姻関係を布都姫・鎌姫母子に焦点をあてて考えてみると、彼女らにとり元夫・実父である贄古が物部本宗の族長権を継ぐのにふさわしい人物とみなされたのに相違なく、贄古自身も彼女らを通じて蘇我大臣家への依存性を強めた可能性が高い。丁未戦争では大連の眷属らが積極的に守屋軍に参戦した気配がうかがえないのであり、蘇我大臣家と姻戚関係を結んでいる贄古も自家を存続させる途を選んだのではなかろうか。

残念ながら物部連贄古の没年は不明である。『日本書紀』敏達十二（五八三）年是歳条によると、倭系百済官人の日羅が天皇の招聘に従って帰国したが、倭国滞在中に日羅を迎接・饗応したのが阿部目臣・大伴糠手子連・物部贄子連らで、彼らは天皇の指示を受けて日羅に「任那復興」の策を諮問している。日羅の滞在先は「難波館」や「阿斗桑市」に造営した客館で、日羅の身辺の警護や物品の供給・移動などの面で物部氏が大きな役割を果たしたことと思われる。日羅は随行していた百済王の使節団の手で暗殺され、「贄子大連・糠手子連に詔して、小郡の西の畔の丘の前」に遺骸を埋め、妻子・水手らを石川の百済村・大伴村・百済河田村に分居させたと伝え、日羅殺害犯を逮捕し獄に下したという。

このように丁未戦争以前に贄古は守屋と並んで物部大連家の要人だったことがわかり、一方、推古十六（六〇八）年八月、隋使裴世清が来朝した時には大連家ではなく物部の分家の有力者であった物部依網連抱が導者の一人に数えられており、推古三十一（六二三）年には小徳冠・征新羅副将軍の物部依網連乙等がみえており、族長位が物部依羅連家に移っていた模様なので、贄古はすでに他界していた蓋然性が高い。物部依羅連に関しては、『新撰姓氏録』河内国神別の物部依羅連の項に饒速日命の後裔とし、また『先代旧事本紀』天孫本紀に安閑天皇の妃宅媛の父物部連木蓮子の母が依羅連柴垣の娘と伝えており、物部大連家との姻戚関係を想定することが可能な氏族であった。

物部贄古の最初の妻であり、後に蘇我大臣馬子に嫁した布都姫は【伝記A】に夫の馬子に何らかの「計」を案じて守屋大連を滅亡に導いたと伝え、また『紀氏家牒』には「石上神宮の斎神之頭」になったとしている。「妻の計」なるものが具体的に何であったのかを明らかにするのは困難であるが、贄古が石上を本拠としていたことと、布都姫が石上神宮の斎官に就任したことには関連性があるように思われ、これらの事象に蘇我大臣馬子が絡んでいると想定することができるのではあるまいか。また、【伝記B】によれば大臣蝦夷には通称「物部大臣」と呼ばれた子息がおり、入鹿の「蘇我大臣」と併称される存在だったことがわかる。蘇我氏専権の時代（五八七〜六四五年）に石上神宮をめぐる大きな動きが起こっていた可能性があるのではなかろうか。

二　石上神庫の成立過程

石上神宮は大和国山辺郡石上郷布留村（奈良県天理市布留町）に鎮座する。『延喜式』神名帳には石上坐布都御魂神社とあり、記・紀編纂以後には社格が神宮から神社に降格したようである。『日本書紀』天武三年八月三日条には、「忍壁皇子を石上神宮に遣して、膏油を以て神宝を瑩かしむ。即日に、勅して曰はく、『元来諸家の、神府に貯める宝物、今皆其の子孫に還せ』とのたまふ」とあり、神宮は蘇我大臣家が滅亡した乙巳の変以降には天皇の直轄管掌下に入っていた模様であること、さらに神宮の神府には諸家が献上した宝物が貯積されており、それらを子孫に返還する措置がとられたとする。神宝の諸家への返還が神宮の帯びるそれまでの性格を激変させたために社格が下降したのであろう。

以前に述べたように、石上神宮の祭神は王権と国家を護持する機能を帯びる「布都御魂」すなわち「師霊」の霊剣であり、本質的には王権親祭の神である。ただ、神宮には諸家が献上してきた数々の神宝や大量の刀剣を収蔵する「神府」があり、これは臣下に管理が委ねられたもので、すでに明らかなように物部氏が管理・運営してきたとする根強い伝承が遺されている。だが、今日でも石上神宮の創祀の時期やその経緯が明確になっておらず、したがって物部氏と神宮の関係がいつ成立したのかも確言できる状況にはないと言わざるを得ない。

「神府」すなわち神宮の境内に設置された神宝・武器類を収めた倉蔵（以下にはこれを神庫と記す）の起源については、第一章で議論したように次の史料に基づいて考えなければならない。煩雑になるが再度史料とその現代語訳を掲載したい。

五十瓊敷命、茅渟の菟砥川上宮に居しまして、剣一千口を作る。因りて其の剣を名けて、川上部と謂ふ。亦の名は裸伴と曰ふ。石上神宮に蔵む。是の後に、五十瓊敷命に命せて、石上神宮の神宝を主らしむ。

（『日本書紀』垂仁三十九年十月条）

現代語訳：五十瓊敷命は茅渟の菟砥の川上宮に居を構え剣一千口を製作した。その由緒により剣は川上部と呼ばれ、別名を裸伴とも呼び、石上神宮に所蔵されている。その後五十瓊敷命に命令が下され、石上神宮の神宝を管理することになった。

五十瓊敷命、妹大中姫に謂りて曰はく、「我は老いたり。神宝を掌ること能はず。今より以後は、必ず汝主れ」といふ。大中姫辞びて曰さく、「吾は手弱女人なり。何ぞ能く天神庫に登らむ」とまうす。五十瓊敷命の曰はく、「神庫高しと雖も、我能く神庫の為に梯を造てむ。豈神庫に登るに煩はむや」といふ。故、諺に曰はく、「天の神庫も樹梯の随に」といふは、此其の縁なり。然して遂に大中姫命、物部十千根大連に授けて治めしむ。故、物部連等、今に至るまでに、石上の神宝を治むるは、是其の縁なり。

（『日本書紀』垂仁八十七年二月条）

現代語訳：五十瓊敷命が妹の大中姫に語って言うには、「私は老いたので神宝を管理できなくなった。今後はあなたに管理をまかせよう」と。すると大中姫は辞退して、「私はか弱い女ですので、高い神庫には登ることができません」と答えた。すると五十瓊敷命が「高いとはいってもはしごを掛ければ問題がないだろう」と言った。諺に「天の神庫であってもはしごさえあれば」とあるのはこのやりとりを由来としている。だが、大中姫は物部十千根大連に管理権を授けることとした。物部連の一族が今日まで石上の神宝を司ることになったのはこのことによる。

伝記は二つの条文に分けて書かれているが、内容的に一連の記事とみなしてよく、しかもこれは朝臣姓を得る天武十三年以前の時期の物部連の家伝から引用されたものと考えられる。筋書きは次のとおりで、垂仁天皇の子五十瓊敷命が作製した剣一千口は石上神宮に収蔵され、天皇の命により五十瓊敷命が管理したという。その後、五十瓊敷命は老齢のため妹の大中姫に管理を委ねようとしたが、女性の身では天神庫の昇り降りが難しいので物部十千根大連に管理権を授けたとし、石上の神宝を物部連が管理するようになった由緒はこれであると記す。
伝承の筋書き通りに事態が推移したとすると、石上神宮は垂仁朝に創祀され、神宮境内に敷設された天神庫の管理権も同朝のうちに皇族から物部十千根大連に授けられたということになり、物部氏にとってははなはだ都合のよい内容になっていることがわかる。書紀編纂時に物部家伝の内容を吟味し掲載を左右し得た人物は石上朝臣麻呂であり、後述するように麻呂は石上系物部連贄古の後裔であったと推定されるので、石上神宮とその神庫の由来と管理権の管掌を古い時期に措定する必要があったと考えられるのである。だが、もし仮に石上神宮の創祀と神庫の設置がもっと後の時代であるということになれば、麻呂の主張は物部氏全体の歴史というよりも、むしろ石上と関係が深い自家の起源と由緒を誇示しようとする意図を秘めていたということになるだろう。しかるに、神庫そのものが初めから石上に所在したという確証はどこにもなく、むしろ次の史料によって六世紀代の宮都域に含まれる城上郡忍坂郷に所在したとみるべきである。

一に云はく、五十瓊敷皇子、茅渟の菟砥の河上に居します。鍛名は河上を喚して、大刀一千口を作らしむ。是の時に、楯部・倭文部・神弓削部・神矢作部・大穴磯部・泊橿部・玉作部・神刑部・日置部・大刀佩部、幷せて十箇の品部もて、五十瓊敷皇子に賜ふ。其の一千口の大刀をば、忍坂邑に蔵む。然して後に、忍坂より移して、石上神宮に蔵む。是の時に、神、乞して言はく、「春日臣の族、名は市河をして治めしめよ」とのたまふ。因りて市河に命せて治めしむ。是、今の物部首が始祖なり。

（『日本書紀』垂仁三十九年十月条所引一云）

現代語訳：ある別の伝承では、五十瓊敷皇子が茅渟の河上宮に居住して、鍛冶の河上という者を召し、大刀一千口を製作させたとも伝えている。楯部・倭文部・神弓削部・神矢作部・大穴磯部・泊橿部・玉作部・神刑部・日置部・大刀佩部など全部で十種類の品部を五十瓊敷皇子に賜った。一千口の大刀は忍坂邑に所蔵したが、後には忍坂から石上神宮に移転した。ちょうどその時、神が託宣して、「春日臣の一族で名を市河という者に管理させよ」と要求したので、市河に命じて管理させた。市河こそが現在の物部首の始祖なのである。

五十瓊敷皇子が作製した大刀一千口は最初「忍坂邑」に収蔵され、後になって「忍坂より移して、石上神宮に蔵む」と明記されている。この伝記は物部連の家伝ではなく、ワニ（春日臣）氏系の物部首が伝えた記録が土台になっており、書紀では本文にではなく註記の扱いを受けた一云の記事にみえているのである。作製された大刀一千口は五十瓊敷皇子の管理下にある忍坂邑の神庫に収蔵されたが、物部首の先祖市河が神庫を治めた時にはすでに石上神宮が存在し、神の要求によって市河が管理するようになったと記している。この伝記では物部連に関する記述や言及がいっさいなく、むしろそうすることによって物部連に対抗する意識が強く滲み出ていて誇張があるように思われるが、市河がいつの時代のいかなる人物なのかについては明確な記載がないので、神庫の遷移の時期が判明しないのである。だが、『新撰姓氏録』に掲載される次の史料がその間の経緯を考える素材を提供している。

柿本朝臣と同祖なり。天足彦国押人命の七世孫、米餅搗大使主命の後なり。木事命の男市川臣は、大鷦鷯天皇の御世に、倭に達り布都努斯神社を石上布瑠村高庭之地に賀ひまつり、市川臣を以て神主と為す。四世孫額田臣・武蔵臣は、斉明天皇の御世に、宗我蝦夷大臣、武蔵臣を物部首幷びに神主首と号け、玆に因りて臣姓を失い物部首と為る。男正五位上日向は、天武天皇の御世に、社地名に依りて布瑠宿禰姓に改む。日向の三世孫邑智等なり。

（『新撰姓氏録』大和国皇別・布留宿禰条）

現代語訳：布留宿禰は柿本朝臣と先祖が同じである。天足彦国押人命の七世の子孫である米餅搗大使主命の後裔に当たる。木事命の子市川臣は大鷦鷯天皇の御世に倭にやって来て、布都努斯神社を石上の布瑠村にある高庭の地に祀ったので、市川臣を神主に命じた。その四世の子孫である額田臣と武蔵臣とは、斉明天皇の御世に、蘇我蝦夷大臣が武蔵臣を物部首・神主首と名づけたので、臣姓を喪失し物部首を称するようになった。息子の正五位上日向は、天武天皇の御世に神社の所在地に因み布瑠宿禰姓に改められた。日向の三世の子孫が邑智らである。

布留宿禰という氏族は、天武十二年九月に物部首が連姓を賜って物部連となり、翌十三年十二月に布留連が宿禰姓を得ているので、物部から布留への氏名（ウジナ）の改変はこの間の出来事だったということになる。布留はこの氏族の居住地である大和国山辺郡石上郷布留村を表し、石上神宮の地元であった。物部は職掌を表すが、彼らにとって物部首という氏姓とその職務は皇極（斉明）天皇の時に蘇我大臣蝦夷から強制されたもので、元来ワニ（春日）氏の一支族であった自らの出自・由来に反することであるから、天武朝の八色の改姓に際し社地名に基づき布留を名乗ることになったというわけである。奈良時代以降には実質的に布留宿禰が神宮と神庫を管理・運営する主体となったから、延暦二十三年二月に神庫所蔵の大量の兵仗を平安京に運遷する措置が発令された時には、布留宿禰高庭が解状により神宮の地元に怪異が起きていることを奏上し、桓武天皇に計画の撤回を求めたのである。

さて、右の所伝にみえる市川臣は書紀の市河と同一人物とみられる。書紀には敬称の臣が付いていないが、氏と姓がなく名前だけの記載が原伝承に忠実な態度だと考えられるので、これからは「市川」とのみ記すことにする。伝記の前段には短文ながらも布留宿禰（物部首）にまつわる祖先伝承が記されている。仁徳朝の市川の四世孫が斉明（皇極）朝の武蔵の世代とする系譜の接続にはかなりの無理があるが、佐伯有清は世系に関わる中間の祖先名が脱落したものと解し、その人物の四世孫が額田・武蔵と記されていたと指摘している。だが佐伯の見解にも疑問があり、むしろ市川の四世孫を額田・武蔵と読むのが妥当ではなかろうか。そうすると市川が生きた時代というのは仁徳朝頃ではなくもう少し後の六世紀前半頃とみなすことができる。

右の祖先伝承にみえる木事命は『古事記』反正段に「丸邇之許碁登臣」、書紀の反正元年八月条に出る「大宅臣祖木事」のことと解してよく、系譜的にはワニ氏の分岐氏族大宅臣の始祖に当る有力な首長とみることができる。市川はその子とされているから、伝記の筋書きからすると五世紀中葉頃にワニ氏の有力族長であった市川が石上布瑠村の高庭に布都努斯神社を立ち上げ神主になったと解することができ、市河が神の要求によって石上神宮の神庫を管理したと記す先引の書紀一云の所伝の時期がこれで一応明確になる。

しかしながら、ワニ氏が春日・粟田・小野・柿本・大宅など数多くの分岐氏族に枝分かれしたのは仁徳朝頃ではなく六世紀に入ってからであり、市川が大宅氏の系譜に連なろうとしているのは臣という敬称とともに潤色・架上の疑いが強く、さらに姓氏録の伝記を素直に読むと次のような新たな疑問が浮上してくるのである。すなわち、「倭に達り」とあるように市川はいずれか別の土地から倭（大和）にやって来た外来の人物と伝承されていること、次に、「神主と為す」と記しているように、市川は物部首に就任したのではなく神主になったと伝えられていること、さらに社号も布都努斯神社とあって書紀のように石上神宮ではないなど、これまでにない新たな情報が含まれていることがわかる。

布留宿禰（物部首）の事実上の始祖とみられる市川は六世紀前半頃の人物である。彼は一体どこから石上郷布留村にやって来たのであろうか。そのことを示唆するのが備前国赤坂郡に鎮座する「石上布都之魂神社」（岡山県赤磐郡吉井町石上）である。当社の祭神にまつわる縁起は『日本書紀』神代上・第八段・一書第二に「其の蛇を断りし剣をば、号けて蛇の麁正と曰ふ。此は今石上に在す（ヤマタノオロチを斬断した剣を名づけて蛇の麁正と称する。この剣はいま石上にある）」とあり、また同じ一書第三に「其の素戔嗚尊の、蛇を断りたまへる剣は、今吉備の神部の許に在り（スサノヲ尊がヤマタノオロチを斬断した剣は、いまは吉備の神部のところにある〉」とあり、吉備の神部が奉祀する斬蛇剣が「布都之魂」と呼ばれたことがわかる。問題になっている神剣はスサノヲ命が八岐大蛇を退治した時に使用されたと伝える剣で、石上神宮の祭神である霊剣「師霊」とは由緒の異なるものであり、混同してはならないであろう。

この点に関し『石上神宮旧記』には、「素戔烏尊、蛇を斬りし十握剣は、名を天羽々斬と曰ふ。亦は蛇の麁正と曰ふ。其の神気を称ひて布都斯魂神と曰ふ。天羽々斬は、神代の昔より難波の高津宮御宇五十六年に至るまで吉備の神部の許〈今備前の国の石上の地是れなり〉に在り。物部首市川臣〈布留連の祖〉、勅を奉り布都斯魂神社を石上振神宮の高庭の地に遷し加ふ（スサノヲ尊がヤマタノオロチを斬った十握剣は天羽々斬とも蛇の麁正とも呼ばれ、漂う神気を称えて布都斯魂の神と称する。天羽々斬は神代から仁徳天皇の五十六年に至るまで吉備の神部（現在の備前国石上の地）のもとにあったが、物部首である市川臣（布留連の祖先）は天皇の命令を受け、布都斯魂神社を石上振神宮が鎮座する高庭の聖地に遷し加えたのである）」とあり、吉備の神部である市川が布都斯魂神すなわち霊剣天羽々斬（蛇之麁正）の祭儀を石上神宮に遷し加えたと伝えていて、その時期を仁徳朝としているのである。

右にみてきた諸伝承から総合的な判断を下すと、市川は五世紀末から六世紀前半頃に実在した人物で、その出自はワニ（春日・大宅）氏ではなく吉備の神部であり、備前国赤坂郡石上において奉祀していた霊剣「布都之魂」の神気＝神霊を大和の石上布留の高庭に勧請し、その功によって「布都努斯神社」の神主に就任したということが判明する。おそらく市川は大和に移住しワニ（大宅）氏の首長家への入り婿となったのでその同族を主張するようになったと考えられ、さらにこれは憶測にしか過ぎないが、市川の大和への移住の要因・背景には吉備系の鍛冶集団を石上に移転させ、同地において操業させようとする王権の意向があったのではなかろうか。

雄略朝の末年には皇位継承をめぐって星川皇子・吉備稚媛の反乱事件が起き、反乱を支援しようとした吉備上道臣が王権に山部を剝奪されたと伝えている。『日本書紀』顕宗元年四月条には播磨国司来目部小楯が「山官に拝して、改めて姓を山部連の氏と賜ふ。吉備臣を以て副として、山守部を以て民とす（山を管理する役人に任じ、姓を改め賜って山部連となった。吉備臣を副官とし、山守部の集団を従属民とした）」とあり、吉備の山部を統括する官が成立し山部連と吉備臣が担当したとする。市川が統制していた吉備の神部は製鉄とも密接に関連したまさしく山部の集団であったとみられ、吉備上道臣の服属という事件を契機に新たな作刀集団が石上の地に定着したと想定されるのである。ただし、それによって直ちに石上の地に神庫が設置されたとは言えず、神庫は宮都の所在地である忍坂邑にあって物部大連の管理下に置かれていたとみられ、それが廃止されるのは丁未戦争以後のことであろう。

周知のように石上神宮の神域は平野に迫り出した高台に成型された一辺一二〇メートルを測る方形の段であり、周囲には小道・溝がめぐっていたらしい。出土土器などから神域の形成は五世紀後半頃と考えられている。神宮境内には現在でも人の立ち入りを拒む禁足地があり、埋納された玉類・大刀・鉾など多数の神宝が出土しており、姓氏録の伝承に記す市川による祭祀が実際に行われていたことを物語る。市川の祭祀は「石上布留村高庭之地」における原始的形式の祭祀であり、古代歌謡や万葉歌にしばしば詠われたように、「石の上、振の神榲」（『日本書紀』顕宗即位前紀）は直接大地に倒立させた魂振りの霊刀をイメージさせるものであって、「高庭之地」にはもとより神殿や神庫はなかったと思量されるから、神宮の神殿祭祀とは区別されなければならないのであり、これまでみてきた書紀や姓氏録の祭祀の記述には大幅な造作が加えられていると想定しなければならない。

『延喜式』臨時祭祀の規定によると、石上社の神域の門を開ける鑰・匙と正殿・伴佐伯二殿の匙は官庫に納めておくもので、みだりに開門するものではないとある。この記事から石上神宮ではもともと神域の中央部に設けられた玉垣内を禁足地とみなしており、祭祀の時にだけ開門する慣例であったこと、門内には「韴霊」を奉安する正殿と伴佐伯二殿が存在したことがわかり、平安時代以後になると門内への出入りが緩和されるようになったと考えられる。先の市川の祭儀に関し『石上神宮旧記』によれば、「勅を奉り布都之魂神社を石上振神宮の高庭の地に遷し加ふ」とあって、あたかも吉備の布都之魂神が石上神宮に後から合祀されたかのような書きぶりとなっているが、市川の祭祀は神庫の設立のみならずましてや石上神宮の創祀を意味するものではなかったと考えるので、明治七年に禁足地の発掘で発見された大刀一振りをもって直ちに霊刀「韴霊」と解釈するのも躊躇されるのであり、むしろ逆に霊剣「韴霊」の正殿への合祀が石上神宮の創祀につながる出来事だったのだとみることができる。その時期と実相については次節で言及することにしたい。

姓氏録の記述によれば、布都之魂神を奉祀する神主市川の後裔が石上神宮の神宝管理に預かるようになったのは皇極朝以降であり、物部首（神主首）を統制管理したのは先に指摘した蝦夷の子である「物部大臣」であったとみることができる。姓氏録は蘇我蝦夷大臣が武蔵に物部首・神主首の姓を授けたと記すが、官制上は物部大臣が警獄の吏や物部首らの実務官を統制管理する体制が皇極朝に成立したとみられる。専権を指向する大臣蝦夷は石上神庫に貯蔵された兵器をより強力に把握すべく、神宮神主家を改めて物部首に編成する措置をとったとみられるのである。先にもみたように物部大臣は蘇我大臣蝦夷の子であると同時に、物部贄古とその娘の血を引く人物だったので、石上の神宝・武器を物部連が引き継ぎ管理する体制と伝統とが形式的にも維持・整備されたわけであり、そのじつ神庫の神宝・兵器は蘇我大臣の実質的掌握下に置かれたと考えられるのである。ただ、その体制は長続きしなかった。大化のクーデターにより蘇我大臣家の支配が瓦壊してしまったからである。

三　石上神宮の創祀

石上神宮に関わる記・紀の伝承を調べてみると、意外なことに関連伝承が古い時代に偏在し、新しい時期の記述がほとんど見当たらないという現象に行きあたる。第6表からも知られるように、『古事記』に記す石上神宮関係記事は神武東征伝承に出る横刀「布都御魂」の所在地にまつわる註記と、垂仁朝に印色入日子命が横刀一千口を作り石上神宮に納めたとする伝え、さらに履中天皇が墨江中王の反乱の難を神宮に避けたとする伝記以外にはなく、もとより創祀の事情を説明する記述はみられないのである。

一方、書紀にはやや多くの伝承がみえ、矢田部造の遠祖武諸隅が出雲大神の神宝を現地から貢上させたとする崇神朝の話や、渡来した新羅王子天日槍の将来した出石の神宝を「神府」に納めたとする話などが

第6表　『日本書紀』記載石上神宮関係伝承（付載『古事記』関係伝承）

掲載条文	掲　載　記　事
神代上第8段1書第2	其の蛇を断りし剣をば、号けて蛇の麁正と曰ふ。此は今石上に在す。
神武即位前紀	時に武甕雷神、登ち高倉に謂りて曰はく、「予が剣、号を韴霊と曰ふ。今当に汝が庫の裏に置かむ。取りて天孫に献れ」とのたまふ。（神武記）此の刀の名は、佐士布都神と云ひ、亦の名は甕布都神と云ひ、亦の名は布都御魂と云ふ。此の刀は石上神宮に坐す。
垂仁紀39年10月	五十瓊敷命、茅渟の菟砥川上宮に居しまして、剣一千口を作り、石上神宮に蔵む。是の後に、五十瓊敷命に命せて、石上神宮の神宝を主らしむ。（垂仁記）印色入日子命は、鳥取の河上宮に坐して横刀一千口を作らしめ、是れを石上神宮に納め奉る。
垂仁紀39年10月条所引一云	其の一千口の大刀をば、忍坂邑に蔵む。然して後に、忍坂より移して、石上神宮に蔵む。
垂仁紀87年2月	然して遂に大中姫命、物部十市根大連に授けて治めしむ。故、物部連等、今に至るまでに、石上の神宝を治むるは、是其の縁なり。
垂仁紀87年2月	昔丹波国の桑田村に、人有り。……則ち獣の腹に八尺瓊の勾玉有り。因りて献る。是の玉は、今石上神宮に有り。
垂仁紀88年7月	天皇、清彦に謂りて曰はく、「其の神宝は、豈類を離くること得むや」とのたまふ。乃ち出して献る。皆神府に蔵めたまふ。
履中即位前紀	爰に仲皇子、事有らむことを畏りて、太子を殺せまつらむとす。……太子、便に石上の振神宮に居します。（履中記）故、上り幸でまして、石上神宮に坐しましき。
雄略紀3年4月	盧城部枳莒喩、斯に由りて、子の罪を雪むること得たり。還りて子を殺せることを悔いて、報ひに阿閉臣国見を殺さむとす。石上神宮に逃げ匿れぬ。
顕宗即位前紀	石の上、振の神榲、本伐り、末截ひ、市辺宮に、天下治しし、天萬国萬押磐尊の御裔、僕らま。
天武紀3年8月	忍壁皇子を石上神宮に遣して、膏油を以て神宝を瑩かしむ。即日に、勅して曰はく、「元来諸家の、神府に貯める宝物、今皆其の子孫に還せ」とのたまふ。

ある。しかし、前者の場合には貢上された神宝の最終的な行方が不明であり、後者もどこの「神府」なのかが記されておらず、ましてや神宮の創立に関係する具体的な記事はいっさい認められないのであり、雄略紀三年四月条の記事と顕宗紀の歌謡を最後として、天武紀三年八月条まで長期間にわたって関係記事がまったく見当たらないのである。言うまでもなくこの期間こそは物部氏の全盛期なのであるが、石上神宮と物部の関係を語る言説は垂仁紀に集められていて、大連三代の活動に石上神宮がまったく登場しないという不思議な現象が起きているのであり、それは裏を返せばその時期には神宮がまだ成立していなかったのではないか、換言するならば、崇神・垂仁両紀のあり方は書紀編纂に関わった物部贄古家の系譜につながる石上朝臣麻呂の政治力の所産で、神宮と物部の関係は意外に新しいのではないかとさえ疑われるのである。

そこで、石上朝臣麻呂の経歴について以下に少し検討してみることにしたい。石上朝臣麻呂は奈良時代の初め養老元（七一七）年三月三日に薨じた。その肩書は正二位左大臣で、年七十八とあるので生誕は舒明十二（六四〇）年とみられる。麻呂の史料上の初見は壬申の乱の際で、大友皇子の護衛者として皇子の最期に立ち会った人物として知られている。

壬申の乱では物部連は両派に分裂したが、大海人皇子の舎人で皇子の吉野隠棲中に重要な働きをした物部連雄君は、天武五（六七六）年六月に没した時内大紫位・氏上を賜り、大宝元（七〇一）年七月には功封百戸が与えられ、その四分の一は子に伝えられた。雄君の出自は物部傍系の朴（榎）井連であり、大化年間に動静の知られる朴井連椎子（鮪）の同族であった可能性が高く、壬申年の功による一時的な昇格で終わった模様で、物部贄古の血を引く麻呂が物部本宗家を代表する人物であったことは疑い得ない。天武五（六七六）年には大乙上で遣新羅大使となり、朱鳥元（六八六）年の天皇の喪儀には直広参で法官の事を誄している。持統三（六八九）年には筑紫に派遣され、その十（六九六）年には直広壹で資人五十人を与えられるとともに筑紫総領・中納言を経て大納言兼大宰帥に就任している。大宝四（七〇四）年正月には従二位で右大臣となり、食封二千百七十戸を授けられ、和銅元（七〇八）年正月には正二位に昇叙し、その三月にはついに左大臣となって廟堂の首座に就いた。

『日本書紀』の編纂は天武十（六八一）年から開始され養老四（七二〇）年に完成するが、麻呂の政治上の経歴はまさしくこの期間に合致していることがわかる。持統五（六九一）年八月には朝廷が十八氏の「祖等の墓記」を上進させているが、石上（物部）氏の家記を提出したのは麻呂であろう。麻呂は家記のなかで自身の祖先系譜を「泊瀬朝倉朝庭の大連物部目の後、難波朝の衛部大華上宇麻古の子なり」（『続日本紀』養老元年三月三日条）と書き記していて、物部の本宗家に連なることを強調している。ただし、物部連目の後裔という主張が事実であったか否かについては他に確かな史料がないので確証が得られない。しかし、宇麻古の子というのはおそらく事実で、『先代旧事本紀』天孫本紀によると母系では物部石上贄古連に、父系では物部大市御狩連の系流に属すとされており、守屋大連の子孫でないことは確実である。

物部連は天武十三（六八四）年十一月には朝臣姓を賜り、その翌年辺りから石上朝臣の氏姓を名乗るようになる。持統四年正月の即位儀には「物部麻呂朝臣、大盾を樹つ」と記すように伝統的朝儀には物部を称したが、基本的に麻呂の時から石上朝臣という新しい氏に転換を図ったことがわかる。なぜ麻呂が石上を名乗ったのかと言えば、おそらくそれには三つの要因があると思われる。その一つは、麻呂の別宅すなわち京外の第宅が山辺郡石上郷に所在したということ、二つ目はそこが石上神宮の所在地であること、三つ目は石上には過去の王権によって指定された物部氏本宗家の墓域が所在したこと、これらである。とりわけ一つ目の第宅に関しては麻呂の母系の先祖である物部石上連贄古から継承されたものであった可能性が高い。

麻呂の父は先ほど記したように「難波朝の衛部大華上宇麻古」と伝えている。大化改新期の「衛部」は官制としての実体が明確ではないが、天皇と宮廷の衛護と非違禁察を主務とした官で、宇麻古は大華上（令制正四位上）の冠位からみてその長官であったと推定され、その子麻呂が壬申の乱において大友皇子に随従したのは父の先蹤によるのではなかろうか。宇麻古・麻呂の時期には物部連の本宗は外廷より内廷に密着した官職に就任し、外廷の警獄の官には大夫層の有力氏族の進出が顕在化していた可能性が高い。壬申の乱以後の麻呂の官歴をみても明らかなように、往年の警獄の官には程遠い官職を歴任していることがわかる。

例えば、宇麻古と同じ難波朝廷の時期に「刑部尚書」があり、「大花上（高向臣）国忍」がその任にあったという（『続日本紀』和銅元年閏八月八日条）。大化の「刑部」は警獄の官の伝統を引く機構とみられ、高向臣国忍はその長官だったらしく、乙巳の変以前に国忍（押）は蘇我入鹿から山背大兄皇子を「求べ捉むべし」という命令を受けたが、「僕は天皇の宮を守りて、敢へて外に出でじ」と応じたという（『日本書紀』皇極二年十一月条）。高向臣は蘇我氏の同族で、大臣蝦夷・物部大臣の下で警獄の職を統括する任務に就き、乙巳の変では蝦夷の第宅において漢直らに武装解除と第宅からの退去を説喩し、自ら「剣を解き弓を投りて、此を捨てて去る」と記された人物である。

さらに大化五年三月に起きた蘇我山田大臣の謀反事件では、大伴狛連・三国公麻呂・穂積臣嚙の三人が天皇の使者として大臣の難波の第宅に派遣され、次いで二回目の審問でも三国公麻呂・穂積臣嚙が再度派遣されたが、大臣はその後大和の山田寺に逃亡し妻子・従者らとともに自殺する。朝廷からの派遣軍は大臣自尽の報を得て途中から引き上げたが、穂積臣嚙は「大臣の伴党田口臣筑紫等を捉ゐ聚めて、枷を着け反縛れり」とあり、また「木臣麻呂・蘇我臣日向・穂積臣嚙、軍を以て寺を囲む。物部二田造塩を喚して、大臣の頭を斬らしむ」とあり、穂積臣嚙は大化期の警獄の官すなわち「刑部」の幹部クラスであったとみられ、その後にも、壬申の乱が勃発すると近江朝廷は倭京に興兵使「穂積臣百足・弟五百枝・物部首日向」の三名を派遣し兵器を近江に運送させようとしたが、穂積臣と物部首が派遣されているのは、小墾田兵庫と石上神宮の兵器を朝廷側が掌握しようとしたからであろう。

このように、蘇我氏の専権時代と大化期以降には物部の本務であった警獄の官には他氏の有力者が就任する状況が顕在化し、物部連はそのような任から遠ざかる動きが鮮明になり、物部という伝統的な氏名を捨てて石上朝臣を名乗るようになった事情・原因の一つがこれで理解できたことと思う。問題とすべきは、それでは石上神宮は物部連麻呂にとってはどのような存在だったのかということになるだろう。

これまで述べてきたように、蘇我氏専権の時代には石上神宮はすでに実在していた。問題は神宮の創立がいつなのかということである。丁未戦争終結後に宮都は飛鳥に遷り、それまで物部大連が管理していた忍坂神庫を廃止し石上に遷すという計画が浮上したと推定される。この構想の立案者が蘇我馬子の妻布都姫と物部贄古だと考えられることも一節で述べておいた。物部贄古は石上に本拠を置いて大和国内の警獄の権を執行した統括官で、異母兄の大連守屋に対抗し得る存在でもあったので、神庫を忍坂から石上に移設し、同時に物部の霊刀「韴霊」を奉祀する神域の創設を構想し、馬子がこの構想を支持しつつ大連家を滅亡に至らしめたのではなかろうか。守屋滅亡後の警獄の職権の行方は明確ではないが、蘇我大臣家は守屋軍に参戦しなかった畿内各地の物部連と伴造・伴部の組織を存続させ、物部贄古に機構の統括を委ねたのではなかろうか。また、『紀氏家牒』の伝承によれば石上神宮の「斎神之頭」には布都姫が就任したらしく、市川の後裔の神主家をも併合した祭祀体制が成立したと推測され、石上神宮の創祀は推古朝ではないかと考えるのである。

そもそも、霊刀「韴霊」は神武東征の時に顕現して天皇とその軍隊をたすけたのであるが、以後この刀の行方ははっきりしない状態になる。そして、先ほどから引用してきたさまざまな伝承によって垂仁朝から石上神宮に関する記述が現れるようになるのである。石上神宮はまさしくこの霊刀を正殿において奉祀した施設なのであるから、書紀の記述を信用するならば崇神朝に神祇祭祀の体制が整い垂仁朝に石上神宮が創立されたということになる。しかし、それは書紀が構想する建国の歴史に従った筋書きに過ぎず、史実とは異なると言わなければならない。

事実としては霊刀「韴霊」は雄略朝頃に作製され、歴代皇宮内の殿舎に奉安されて天皇の霊威の護持と魂振りの神器となっていたが、推古朝に石上布留の高庭の地に「韴霊」を奉祀するための正殿が初めて建造されたことを契機に、皇宮から神宮正殿に霊刀が移されたのではないか。そしてこの霊刀を神宮にあって奉祀した最初の人物が物部布都姫で、その後神宮祠官は物部贄古の後裔である宇麻古・麻呂らに継承され、そのことが書紀の記述に反映していると思われるのである。

ところで、『日本書紀』推古十一年十一月是月条に、「皇太子、天皇に請したまひて、大楯及び靫を作り、又旗幟に絵く」とある。十一月は新嘗祭の時期に当るので、直接には斎宮の門における儀礼の整備と関わる措置とみることができるが、同年十月にはすでに小墾田宮遷都が行われているので、この施策はこれ以後重要な朝儀における王権の威儀を整えようと意図したものであろう。大楯・靫は物部が関与する儀仗として作成され、旗幟の絵は宮門の前庭に掲げられる日像・月像や四神（青龍・朱雀・白虎・玄武）等の幢幡に関係したものである。以下に述べることは状況証拠の積み重ねに基づく推論でしかないが、儀礼整備の背景には隋の朝儀の導入や石上神宮の創祀および石上神庫の創設があったのではないかと推定する。

周知のように律令制下では元旦朝賀・即位儀・大嘗祭・遷都などで大楯を宮門に樹立する役割を担ったのが物部氏とその同族の榎井氏であった。持統四年正月の即位儀には物部朝臣麻呂が「大楯を樹つ」とあり、文武二年十一月の大嘗祭においては榎井朝臣倭麻呂が「大楯を竪つ」とし、同じく神亀元年十一月の大嘗祭では「従五位下石上朝臣勝男、石上朝臣乙麻呂、従六位上石上朝臣諸男、従七位上榎井朝臣大嶋等、内物部を率て、神楯を斎宮の南北二門に立つ」とあり、天平十六年三月の難波遷都には「石上・榎井の二氏、大楯槍を難波宮の中外門に樹つ」と記されている。

すなわち大楯を宮門に樹てるのが朝儀における物部氏の役割となっていたことがわかる。石上神宮には重要文化財の鉄盾（日ノ御楯）が所蔵されており、宮門内部の神聖な空間を防衛する機能を果たすものであったと考えられ、その規式が皇宮の朝儀にも取り入れられたのではあるまいか。

『古語拾遺』には、神武天皇即位大嘗に際し「饒速日命、内物部を帥て、矛・盾を造り備ふ」とし、物部の朝儀への参与を神武朝からとしているが、これは天平十四年正月朔日の朝賀に「石上・榎井両氏、始めて大楯槍を樹つ」とある規式に従った記述である。『延喜式』践祚大嘗祭の条には「石上、榎井二氏各二人、皆朝服にして内物部四十人を率ゐて、大嘗宮の南北の門に神の楯戟を立つ。訖らば即ち分かれて左右の楯の下の胡床に就け。門別に内物部二十人、左右各十人、五人列を為せ。六尺を間と為せ（石上と榎井の両氏から二人ずつが、朝服を着て内物部四十人を率い、大嘗祭を行う宮の南北の門に楯戟を立てる。立て終わったら左右の楯のそばに分かれて胡坐に座れ。門ごとに内物部が二十人ずつ、左右それぞれ十人ずつ列立せよ。六尺を間とすること）」とあって、内物部を引率して宮門に楯戟を立てる規定は天平十四年から始まったことがわかり、矛・槍・戟などの付加は新しい規定である。

したがって宮門に「大楯」を樹てるのが朝儀における物部氏の伝統で、とりわけ持統四年正月の即位儀の場合に石上朝臣麻呂がわざわざ物部朝臣麻呂と称して「大楯を樹つ」とあるのは、令制前代に遡る儀礼であることを強烈に意識したものと考えられる。『万葉集』巻一に掲載された元明天皇御製歌（和銅元年）に、「大夫の　鞆の音すなり　物部の　大臣　楯立つらしも」とあり、右（左）大臣石上朝臣麻呂を「物部大臣」と呼び、朝儀に「楯立つ」ことが物部の伝統的な行事であったことの証左であろう。つまりこれまであまり注意されてこなかったが、右に引用した推古十一年の記事が宮門に大楯を樹てる律令制規式の淵源と考えられ、ひいては石上神宮の創祀が小墾田宮遷都を契機とする出来事ではなかったかと推察されるのである。

推古紀の記事について榎村寛之は、「律令制下の正月朝賀の原型となる儀礼の整備記事だと考えられ、それを推古朝の出来事と見ても大きな不都合はないと判断できる」とし、楯と靫（弓箭具）をセットとして宮門を衛護する呪的儀礼は大化前代に遡る伝統を有し、雄略紀十八年条にみえる伊勢朝日郎の叛乱事件に際し、筑紫聞物部大斧手が「楯を執りて軍の中に叱びしめて」、「楯を以て物部目連を翳す」奮戦を記しているのは、「物部の楯」の威力と伝統性を象徴する伝承だと解している。ただし、榎村は、この儀礼は守屋一族が没落した直後のことで物部氏がこの儀礼に関与した可能性は低いとみなしているが、筆者は先ほどから述べてきたように物部の関与があったと推測しており、物部が皇宮の門に大楯を樹てる儀礼自体は推古朝のみならず雄略朝以来の宮廷儀礼の伝統を有したと考えるのである。

最後に石上朝臣麻呂にとって石上がどのような意味で特別な土地であったのかを改めて考えてみたい。先ほど指摘しておいたように、山辺郡石上郷には物部氏に所縁のある特定の墓域が存在したのである。そもそも河内国渋川郡が物部大連家の本貫であるということについては疑問がないが、当地には大連三代の墓域のみならず、大連家と同族・同系につながる有力な氏族らの墓域とみられるような古墳群は存在していないようである。大和川下流域は洪水の多発地帯で低湿地が一面に広がっており、古墳を造営し後世に伝えていくという事業には適さない土地柄であった。おそらく王権はそのような事情を考慮し物部の奥津

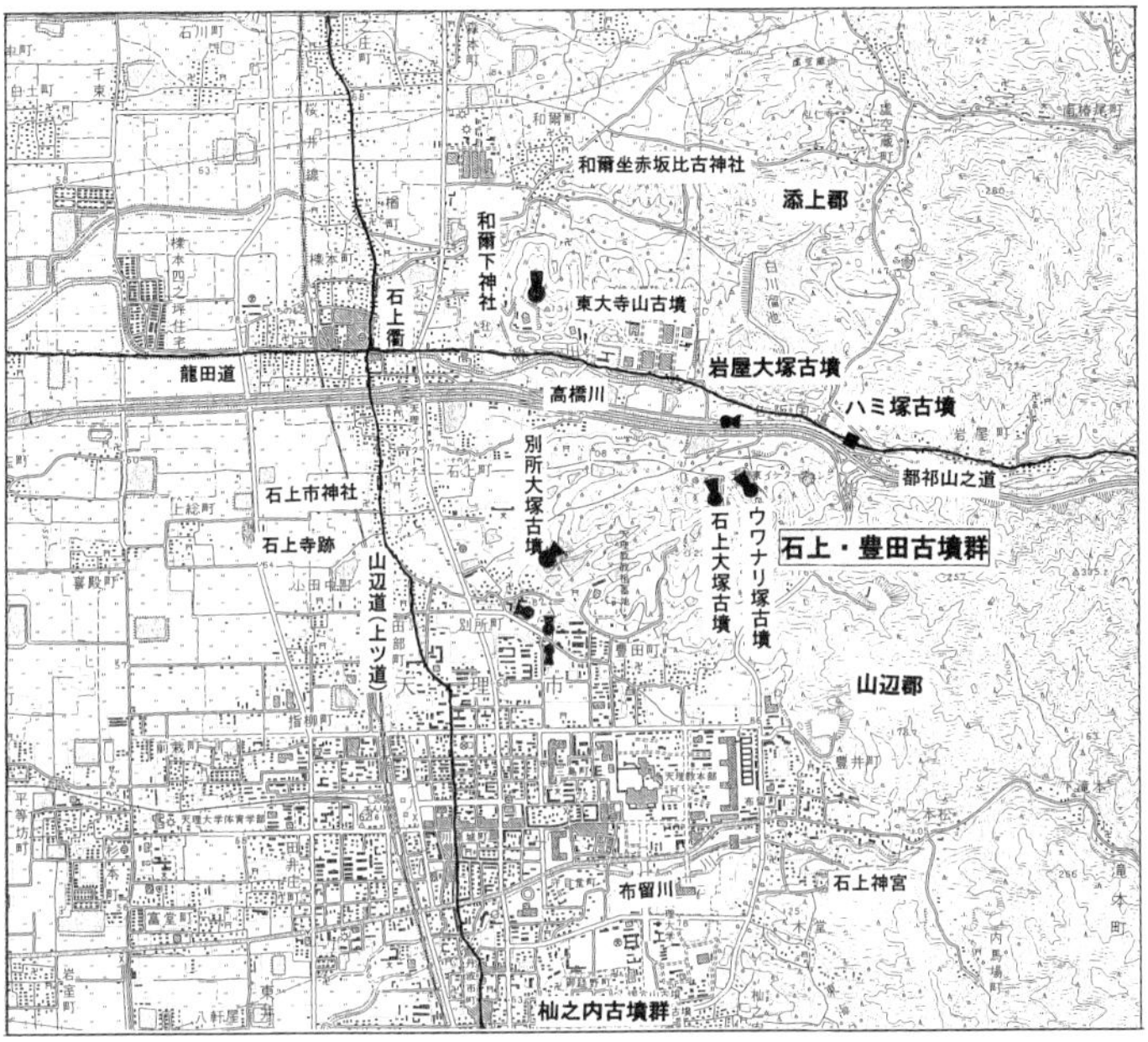

第5図　山辺郡石上郷周辺図

城を大和国内に与えることとし、その適地として石上郷北部の丘陵地帯を指定したのではなかろうか。その時期については雄略朝前後とみて誤りがないと思われる。

問題となる墓域というのは考古学界で「石上・豊田古墳群」（第5図）と名づけられたひとまとまりの群集墳である。現在までのところ複雑に入り組む尾根や谷筋などに分散した小規模な円墳群を中心として約二百基の古墳の存在が確認されており、五世紀末から七世紀中葉頃までに造営された古墳群であると言われている。古墳群の所在地は平尾山丘陵（A）・豊田山丘陵（B）・岩屋谷（C）の三カ所で、Bが主要な古墳群とみられるが、天理市別所町の別所大塚古墳を盟主とする一群の古墳（A）と、岩屋谷に所在する岩屋大塚古墳・ハミ塚古墳を盟主とする古墳群（C）を物部の奥津城に想定できるか否かについては議論がある。筆者は過去に刊行された報告書や最近の書籍などの記載を自分なりに検討し、B・Cを物部氏一族に関わる古墳群と推定し、Aについては五世紀中葉に遡る古墳を含んでいること、B・C集団のように小規模な円墳がほとんど確認されておらず同族の広がりを想定できないことから、本貫は当地域にあるものの物部氏とは系統を異にする氏族の墓域ではないかと考えている。

Bには前方後円墳の石上大塚古墳（全長一〇七メートル）・ウワナリ塚古墳（全長一二八メートル）が含まれ、Cには前方後円墳の岩屋大塚古墳（全長一〇〇メートル以上）・ハミ塚古墳（辺長約五〇メートルの方形墳）が属しており、いずれも古墳時代後期の巨大な横穴式石室を備えた大型墳である。物部大連家の族長クラスが埋葬された古墳であると評価でき、石上大塚とウワナリ塚を大連麁鹿火・尾輿の、岩屋大塚を大連守屋の墓ではないかと考える。ハミ塚は飛鳥石舞台古墳に匹敵する規模を有し、蘇我氏との関係が想定される物部氏の族長の墓ではないかと推定される。二〇一五年にはBに属する豊田町集落北側の丘で七世紀前半期に築造された巨石積みの大型横穴式石室をもつ豊田トンド山古墳（径三十メートルの円墳）が見つかり、推古朝から大化期にも相当な実力を有する人物が存在したことを示唆している。石上朝臣麻呂自身の墓がどこに設けられたのかは明らかではないが、石上の氏名の由来が先祖の奥津城の所在地とも深い関係にあることはこれで理解できるであろう。

附表１　物部郷と物部神社の分布

国　名	郡　名	郷名（里名）	神　社　名
伊勢国	飯高郡 壱師郡		物部神社 物部神社
尾張国	愛智郡 春部郡	物部里	物部神社 物部神社
駿河国	益頭郡	物部郷	
甲斐国	山梨郡		物部神社
下総国	千葉郡	物部郷	
武蔵国	入間郡		物部天神社
近江国	栗太郡	物部郷	物部布津神
美濃国	多芸郡 安八郡 本巣郡 厚見郡	物部郷 物部郷 物部郷 	 物部神社
上野国	多胡郡		物部明神
下野国	芳賀郡	物部郷	
越中国	射水郡		物部神社
越後国	頸城郡 三嶋郡	物部郷 	物部神社 物部神社
佐渡国	雑太郡		物部神社
丹波国	船井郡 何鹿郡	 物部郷	嶋物部神社
丹後国	与謝郡	物部郷	物部神社
但馬国	城崎郡		物部神社
石見国	安濃郡		物部神社
播磨国	明石郡		物部神社
備前国	磐梨郡 赤坂郡	物部郷 	 石上布都之魂神社
備中国	賀夜郡	物部里	
淡路国	津名郡	物部郷	
阿波国	阿波郡		建布都神社
伊予国	桑村郡		布都神社
土佐国	香美郡	物部郷	
筑後国	生葉郡	物部郷	
肥前国	養父郡 三根郡	物部郷 物部郷	 物部経津主神社
豊後国	直入郡		直入物部神
日向国	那珂郡	物部郷	
壱岐嶋	石田郡 壱岐郡	物部郷 	物部布都神社 佐肆布都神社

附表 2 物部の分布（篠川 2009：47-55 頁、表 2 より作成）

国名	郡名
伊賀国	阿拝郡
伊勢国	三重郡 安濃郡 多気郡
尾張国	中嶋郡 海部郡 山田郡
参河国	碧海郡 額田郡 賀茂郡 幡豆郡
遠江国	浜名郡 敷智郡 長下郡 榛原郡
駿河国	益頭郡
伊豆国	田方郡 那賀郡
相模国	愛甲郡
武蔵国	橘樹郡 荏原郡 入間郡 埼玉郡
上総国	周准郡 山辺郡
下総国	印旛郡 匝瑳郡
常陸国	信太郡 那賀郡

国名	郡名
近江国	愛智郡 犬上郡
美濃国	多芸郡 本巣郡 方県郡 厚見郡 賀茂郡 可児郡
信濃国	筑摩郡 更級郡 高井郡 埴科郡
上野国	甘楽郡 緑野郡 群馬郡 多胡郡
下野国	芳賀郡
若狭国	遠敷郡 三方郡
越前国	敦賀郡 丹生郡 足羽郡 大野郡 坂井郡
越中国	砥波郡 射水郡
越後国	頸城郡 三嶋郡
丹波国	何鹿郡
因幡国	巨濃郡

国名	郡名
出雲国	楯縫郡 出雲郡 神門郡
隠岐国	周吉郡
播磨国	賀茂郡
備前国	御野郡
備中国	窪屋郡 賀夜郡
備後国	神石郡
周防国	玖珂郡
紀伊国	名草郡
淡路国	津名郡
阿波国	板野郡 阿波郡
讃岐国	大内郡 寒川郡 三木郡
伊予国	宇摩郡 新居郡 越智郡 風早郡 温泉郡 宇和郡
土佐国	香美郡
筑前国	志麻郡
豊前国	企救郡 仲津郡 上毛郡
日向国	那珂郡

※ 物部の居住を確認できる国・郡を示す。畿内は省略している。

参考文献

阿部武彦「古代族長継承の問題について」(『日本古代の氏族と祭祀』吉川弘文館、一九八四年)。

石尾芳久「天津罪国津罪論考」(『日本古代法の研究』法律文化社、一九五九年)。

石尾芳久「天津罪と国津罪」(『古代の法と大王と神話』木鐸社、一九七七年)。

井上光貞「帝紀からみた葛城氏」(『日本古代国家の研究』岩波書店、一九六五年)。

井上光貞「古典における罪と制裁」(『日本古代国家の研究』岩波書店、一九六五年)。

井上光貞「大和国家の軍事的基礎」(『日本古代史の諸問題』思索社、一九七一年)。

上田正昭「朝鮮派遣氏族の動向」(『日本古代国家論究』塙書房、一九六八年)。

上田正昭「石上の祭祀と神宝」(和田萃編『大神と石上』筑摩書房、一九八八年)。

榎村寛之「物部の楯を巡って」(横田健一編『日本書紀研究』第十七冊、塙書房、一九九〇年)。

『大阪府史・第二巻・古代編Ⅱ』(大阪府史編集専門委員会、一九九〇年)。

置田雅昭「禁足地の成立」(和田萃編『大神と石上』筑摩書房、一九八八年)。

賀古　明「『志毘』伝承研究序説」(『古事記年報』七、一九六〇年)。

柏原市古文化研究会『大県・大県南遺跡』(一九八四年)。

鎌田純一『先代旧事本紀の研究〈校本の部〉』(吉川弘文館、一九六〇年)。

亀井輝一郎「大和川と物部氏」（横田健一編『日本書紀研究』第九冊、塙書房、一九七六年）。

亀井輝一郎「石上神宮と忍坂大中姫」（横田健一編『日本書紀研究』第十三冊、塙書房、一九八五年）。

亀井輝一郎「祭祀服属儀礼と物部連」（直木孝次郎先生古希記念会編『古代史論集』上、塙書房、一九八八年）。

岸　俊男「ワニ氏に関する基礎的考察」（『日本古代政治史研究』塙書房、一九六六年）。

岸　俊男「古道の歴史」・「大和の古道」（『日本古代宮都の研究』岩波書店、一九八八年）。

栗田　寛「物部氏纂記」（『栗里先生雑著』第六巻、吉川弘文館、一九〇一年）。

小島俊次『奈良県の考古学』（吉川弘文館、一九六五年）。

佐伯有清『新撰姓氏録の研究』本文篇（吉川弘文館、一九六二年）。

佐伯有清「新撰姓氏録に関する諸疑点の究明」（『新撰姓氏録の研究』研究篇、吉川弘文館、一九六三年）。

佐伯有清『新撰姓氏録の研究』考證篇第三（吉川弘文館、一九八二年）。

佐伯有清『新撰姓氏録の研究』考證篇第四（吉川弘文館、一九八二年）。

佐伯有清「新撰姓氏録逸文の再検討」（『新撰姓氏録の研究』拾遺篇、吉川弘文館、二〇〇一年）。

佐伯有清編『古代を考える雄略天皇とその時代』（吉川弘文館、一九八八年）。

坂本太郎「纂記と日本書紀」（『日本古代史の基礎的研究』上・文献篇、東京大学出版会、一九六四年）。

坂本太郎『古代の駅と道』（坂本太郎著作集第八巻、吉川弘文館、一九八九年）。

笹山晴生「『難波朝の衛部』をめぐって」（『日本古代衛府制度の研究』東京大学出版会、一九八五年）。

笹山晴生「たたみこも平群の山」（『奈良の都その光と影』吉川弘文館、一九九二年）。

志田諄一「物部連」（「古代氏族の性格と伝承」雄山閣、一九七二年）。

篠川　賢『物部氏の研究』（雄山閣、二〇〇九年）。

続群書類従完成会『続群書類従』巻第八百二「荒陵寺御手印縁起」一九二四年。

薗田香融「万葉貴族の生活圏」(『万葉』八、一九五三年)。

辰巳和弘「平群氏に関する基礎的考察」(『古代学研究』六四・六五、一九七二年)。

伊達宗泰『「おおやまと」の古墳集団』(学生社、一九九九年)。

伊達宗泰編『古代「おおやまと」を探る』(学生社、二〇〇〇年)。

田中　卓「『天孫本紀』の系図」(田中卓著作集2『日本国家の成立と諸氏族』国書刊行会、一九八六年)。

田中　卓「『紀氏家牒』について」(田中卓著作集2『日本国家の成立と諸氏族』国書刊行会、一九八六年)。

棚橋利光「八尾の条里制」(『八尾市史紀要』六、一九七六年)。

棚橋利光『八尾・柏原の歴史』(松籟社、一九八一年)。

塚口義信「桜井茶臼山古墳・メスリ山古墳の被葬者について」(横田健一編『日本書紀研究』第二十一冊、塙書房、一九九七年)。

津田左右吉「上代の部の研究」(『日本上代史の研究』岩波書店、一九四七年)。

天理市教育委員会『天理の古墳100』二〇一五年。

直木孝次郎「石上と榎井」(『続日本紀研究』一―一二、一九五四年)。

直木孝次郎「継体朝の動乱と神武伝説」(『日本古代国家の構造』青木書店、一九五八年)。

直木孝次郎「複姓の研究」(『日本古代国家の構造』青木書店、一九五八年)。

直木孝次郎「物部連に関する二、三の考察」(三品彰英編『日本書紀研究』第二冊、塙書房、一九六六年)。

直木孝次郎「物部連と物部」(『日本古代兵制史の研究』吉川弘文館、一九六八年)。

直木孝次郎「武内宿禰伝説に関する一考察」(『飛鳥奈良時代の研究』塙書房、一九七五年)。

直木孝次郎「平群鮪をめぐる歌物語の成立について」(『夜の船出』塙書房、一九八五年)。

長家理行「物部氏伝承成立の背景」(『龍谷史壇』八一・八二、一九八三年)。

中村修也「藤原不比等」(佐藤信編『古代の人物2奈良の都』清文堂出版、二〇一六年)。

並河　永『大和志』(地名研究資料集第二巻・大和国一、クレス出版、二〇〇三年)。

奈良県教育委員会『磐余・池ノ内古墳群』(奈良県史跡名勝天然記念物調査報告書第二十八冊、一九七三年)。

奈良県教育委員会『天理市石上・豊田古墳群Ⅰ』(橿原考古学研究所編・奈良県文化財調査報告書第二〇集、一九七五年)。

奈良県教育委員会『天理市石上・豊田古墳群Ⅱ』(橿原考古学研究所編、奈良県文化財調査報告書第二七集、一九七六年)。

奈良県立橿原考古学研究所編『大和前方後円墳集成』(学生社、二〇〇一年)。

西谷義昭「古事記における『志毘』伝承の形成」(『国史学研究』一、一九七五年)。

西宮一民校注『古語拾遺』(岩波書店、一九八五年)。

野田嶺志「物部氏に関する基礎的考察」(『史林』五一―二、一九六八年)。

畑井　弘『物部氏の伝承』(吉川弘文館、一九七七年)。

服部昌之『律令国家の歴史地理学的研究』(大明堂、一九八三年)。

平野邦雄『大化前代社会組織の研究』(吉川弘文館、一九六九年)。

平林章仁「蘇我「物部大臣」」(『飛鳥乃風たより』二〇一七年)。

藤井直正『東大阪の歴史』(松籟社、一九八三年)。

本位田菊士「物部氏・物部の基盤と性格」(『日本古代国家形成過程の研究』名著出版、一九七八年)。

本位田菊士「物部氏と石上神宮」(『東アジアの古代文化』三六、一九八三年)。

前田晴人『日本古代の道と衢』(吉川弘文館、一九九六年)。

前田晴人「雄略王権と大伴氏の本拠地」(『古代王権と難波・河内の豪族』清文堂出版、二〇〇〇年)。

前田晴人「難波津と海の王権祭儀」(『古代王権と難波・河内の豪族』清文堂出版、二〇〇〇年)。

前田晴人「額田部連の系譜と職掌と本拠地」(『古代王権と難波・河内の豪族』清文堂出版、二〇〇〇年)。

前田晴人「膳氏の本拠地と始祖伝承」(『飛鳥時代の政治と王権』清文堂出版、二〇〇五年)。

前田晴人『三輪山―日本国創成神の原像』(学生社、二〇〇六年)。

前田晴人『古代女王制と天皇の起源』(清文堂出版、二〇〇八年)。

前田晴人『倭の五王と二つの王家』(同成社、二〇〇九年)。

前田晴人『卑弥呼と古代の天皇』(同成社、二〇一二年)。

前田晴人『蘇我氏とは何か』(同成社、二〇一一年)。

前田晴人「欽明天皇の磯城嶋金刺宮」(『大阪経済法科大学地域総合研究所紀要』六、二〇一四年)。

前田晴人「三諸の神について」(『纒向学研究』三、二〇一五年)。

前田晴人「磐余考」(『大阪経済法科大学地域総合研究所紀要』八、二〇一六年)。

前田晴人「古代の市と物部氏」(『史聚』五〇、二〇一七年)。

前田晴人「物部氏関係伝承の再検討」(『纒向学研究』五、二〇一七年)。

松倉文比古「物部氏の祖先伝承について」(『国史学研究』三、一九七七年)。

松倉文比古「物部氏の系譜」(『龍谷史壇』七六、一九七八年)。

松倉文比古「用明紀の一考察」(『仏教文化研究所紀要』二二、一九八三年)。

松倉文比古「物部氏の保守性についての検討」（『仏教文化研究所紀要』二三、一九八四年）。

松倉文比古「石上神宮の神宝管治とその性格」（『国史学研究』十、一九八四年）。

松田章一「古事記における物部伝承の考察」（『金沢大学法文学部論集』文学篇、一〇、一九六二年）。

黛　弘道「物部氏と海部」・「物部氏と大王家の降臨伝承」（『物部・蘇我氏と古代王権』吉川弘文館、一九九五年）。

三品彰英「フツノミタマ考」（三品彰英論文集第二巻『建国神話の諸問題』平凡社、一九七一年）。

三品彰英「大嘗祭以前」（『古代祭政と穀霊信仰』三品彰英論文集第五巻、平凡社、一九七三年）。

水野　祐『日本古代王朝史論序説［新版］』（早稲田大学出版部、一九九二年）。

名著普及会『新校群書類従』巻第六十二「中臣氏系図」一九二五年。

『八尾市史（前近代）本文編』（八尾市史編集委員会、一九八八年）。

八尾市文化財調査研究会報告79『渋川廃寺』（（財）八尾市文化財調査研究会、二〇〇四年）。

八尾市立埋蔵文化財調査センター『平成二十七年度秋季企画展・やおの古墳時代』（二〇一五年）。

安井良三「物部氏と仏教」（三品彰英編『日本書紀研究』第三冊、塙書房、一九六八年）。

山尾幸久『日本古代王権形成史論』（岩波書店、一九八三年）。

山本　博『竜田越』（学生社、一九七一年）。

山本　博『古代の製鉄』（学生社、一九七五年）。

横田健一「物部氏祖先伝承の一考察」（『日本古代神話と氏族伝承』塙書房、一九八二年）。

横田健一「神武紀の史料的性格」（『日本書紀成立論序説』塙書房、一九八四年）。

吉田　孝「イヘとヤケ」（『律令国家と古代の社会』岩波書店、一九八三年）。

和田　萃『大系日本の歴史2古墳の時代』（小学館、一九八八年）。

おわりに

顧みれば、筆者のこれまでの研究生活の中で、物部氏は古代の氏族のなかでも難物の一つだという判断の下に長い間検討を回避し続けてきた。しかし、定年後に奉職した大学が大阪府八尾市にあり、「河内学」という一般教養科目を担当することになった時、古代史を専攻する者としては物部氏の研究を放置しておくわけにはいかないと考えるようになった。なぜならば、八尾市やその周辺の地域には物部氏に関わる地名や関連史跡が点在しているからである。地元の教育委員会の調査で興味深い遺跡の発見が相次いでおり、また大学内外の市民講座などで物部氏に関する論題を与えられると、自信をもって話をすすめることができないからでもあった。

そこである時、何とはなしに『日本書紀』の関係記事を読んでいた時、ふとこれまでの解釈に不審な点があるのではないかと思われる事例に行きあたったのである。用明紀二年四月条にみえる「阿都」「阿都家」の所在地に関する解釈がそれである。さっそく、これまでの先学の研究を順次確かめる作業を行った結果、従来の注釈や通説には疑義があることがわかった。このたびの物部氏に関する研究はこうした疑問を自分なりに解決していくなかで生まれたものである。

物部氏と取り組まなければならなくなったもう一つの理由がある。それは飛鳥時代の前の六世紀の歴史がなお十分に究明されていないという問題と関係がある。この時期の前半には大伴氏が失脚し、後半には蘇我氏が勢力を拡大するようになるが、物部氏はその政変の間にあって中央政界を主導する地位を占めたようである。だが、それでは物部氏とは一体何なのかと問われた時、その全体像を説明できるような答えが用意されているとは言えない状況にあり、とりわけ学界でも見解が分かれているように、氏の組織の性格と成立時期や経緯が明確ではないので、どのような視角からこの課題に迫るかが重要になってくる。

そのようななかで奈良盆地南東部の磯城・磐余・初瀬は雄略天皇の時代から集中的に皇宮が営まれた地域で、六世紀の宮都が当地に営まれていたことに改めて気がつき、意外にも当該地域に物部氏の足跡が数多く散らばっていることを発見することになり、それらをつなぎ合わせて大きな論理の枠組みを紡いでみようという考えが起きた。そしてそこで得られた歴史像を河内や畿内全体にも及ぼし総合的に論じてみたのが本書である。これで物部氏のすべてを究明できたとは言えないが、これまでの研究で十分に明らかになっていなかった多くの基本的な課題を解決できたものと考えている。読者諸賢のご教示・ご批評を賜ることができれば幸いである。

なお、同成社編集部の三浦彩子氏には深甚の謝意をささげたい。今回も本書の校正作業においてさまざま貴重なご教示とアドヴァイスを頂戴し、退屈になりがちな文章に適切な修正を施すことができただけでなく、難解な漢文史料を読みやすい形にまとめることができ、時間的にも余裕のある思い出深い校正作業になったと思っている。

最後になったが、日ごろ筆者の身辺を気遣い大切に想ってくれている母と妻とに感謝の意をこめて本書を献げることにしたい。

二〇一七年七月

前田晴人

物部氏《もののべし》の伝承《でんしょう》と史実《しじつ》

■著者略歴■

前田晴人（まえだ　はると）

1949 年　大阪市生まれ

1977 年　神戸大学大学院文学研究科修士課程修了

現　在　大阪経済法科大学教養部客員教授

〔主要著書〕

『日本古代の道と衢』（吉川弘文館、1996 年）、『神功皇后伝説の誕生』（大和書房、1998 年）、『古代王権と難波・河内の豪族』（清文堂出版、2000 年）、『桃太郎と邪馬台国』（講談社、2004 年）、『飛鳥時代の政治と王権』（清文堂出版、2005 年）、『三輪山―日本国創成神の原像』（学生社、2006 年）、『古代出雲』（吉川弘文館、2006 年）、『古代女王制と天皇の起源』（清文堂出版、2008 年）、『倭の五王と二つの王家』（同成社、2009 年）、『継体天皇と王統譜』（同成社、2010 年）、『蘇我氏とは何か』（同成社、2011 年）、『桃太郎と太閤さん』（新人物往来社、2012 年）、『卑弥呼と古代の天皇』（同成社、2012 年）、『桓武天皇の帝国構想』（同成社、2016 年）

2017 年 9 月 9 日発行

著　者　前 田 晴 人

発行者　山 脇 由 紀 子

印　刷　㈱ 精 興 社

製　本　協 栄 製 本 ㈱

発行所　東京都千代田区飯田橋 4-4-8
（〒102-0072）東京中央ビル
TEL 03-3239-1467　振替 00140-0-20618
（株）同 成 社

ISBN978-4-88621-772-1　C0021

同成社の古代史関連書籍

倭の五王と二つの王家

前田晴人著

四六判・二七四頁・本体二五〇〇円

倭の五王は誰だったのか。緻密な検証をもとに二つの王家の系譜を解明し、虚構の人物とされていたホムツワケ王を初代天皇とする独自の論を展開。五世紀初頭までのヤマト王権の権力構造を解析する。

継体天皇と王統譜

前田晴人著

四六判・二二六頁・本体二二〇〇円

古くより議論の絶えない継体天皇の出自について、その系譜・事績を総合的に捉え直し、実証的に考察。王族説の実体化を試み、継体天皇の新しい人物像を提示する。